DER MENSCH IST KEINE PLAGE

Cees Buisman

Der Mensch ist keine Plage

Über die Gefahr
einer entzauberten Welt

ESSAY

Bornmeer

Es gibt genug für die Bedürfnisse eines Jeden,
aber nicht genug für die Gier des Einzelnen.

Gandhi

1

Gier, Wucher und Vorsicht
müssen noch für eine Weile unsere Götter sein,
denn nur sie können uns aus dem Tunnel
wirtschaftlicher Not zum Tageslicht führen.

Lord Keynes (Antwort auf die Krise von 1930)

Einleitung

In unserer westlichen Gesellschaft scheint es heutzutage das wichtigste Ziel im Leben zu sein, so lange und gesund wie möglich zu leben; eigentlich möchten wir am liebsten unsterblich werden. Dieses Leben möchten wir dann auch noch so luxuriös wie möglich gestalten, um auf diese Weise hoffentlich glücklich zu werden. Derartige Ziele können jedoch nur erreicht werden, wenn wir die Augen vor den Konsequenzen eines solchen Lebensstils verschließen, nämlich einer immer größer werdenden Umweltkrise, einer wachsenden Kluft zwischen armen und reichen Regionen der Welt, und einem wachsenden Gefühl der Sinnlosigkeit, das immer mehr Menschen erleben. Seltsamerweise wird die sogenannte Überbevölkerung (und insbesondere das Bevölkerungswachstum in ärmeren Ländern) für diese globalen Probleme verantwortlich gemacht, anstatt (an) zu erkennen, dass sie das Ergebnis unserer eigenen Ziele und unseres Verhaltens sind.

Wie ist es möglich, dass wir uns so auf uns selbst konzentrieren? Könnte es sein, dass die „Entmystifizierung“ der Welt durch die Wissenschaft diese Haltung gefördert hat? Die Wissenschaft hat der Gesellschaft in den letzten Jahren eine Reihe von Ideen aufgebürdet, die meiner Meinung nach fragwürdig sind. Nicht nur, dass wir auf das Produkt eines kosmischen Zufalls reduziert wurden, gegenwärtig *sind* wir auch noch unser Gehirn. Bewusstsein oder ein eigener Wille existieren nicht mehr. Der Mensch folgt einfach einer Art genetisch festgelegtem Computerprogramm. Tatsächlich ist die menschliche Intelligenz nach Ansicht der Neurowissenschaftler nicht einmal an das eigenes Bewusstsein gekoppelt. Dies hat letztendlich zur Folge, dass sich die menschliche Intelligenz durch Computerintelligenz ersetzen lässt. Meines Erachtens führen solche rein rationalen Wissenschaftsvisionen zu großen Problemen, insbesondere in Bezug auf die Herausforderungen, denen wir als Planet und Menschheit gegenüberstehen.

Einer Welt mit bald 10 Milliarden Menschen droht eine Klima-, Rohstoff- und Wasserkrise. Die Geschwindigkeit, mit der Tier- und Pflanzenarten aussterben, ist in letzter Zeit enorm angestiegen. Können diese Probleme noch durch den bloßen Einsatz heutiger Wissenschaft und Technologie gelöst werden? In diesem Buch zeige ich zur Veranschaulichung dieser Problematik, dass die der Menschheit zur Verfügung stehende Frischwassermenge bereits verbraucht ist, und welchen Effekt ein weiteres Wirtschaftswachstum darauf hat.

Noch ein kurzer Rückgriff auf die Entmystifizierung oder Rationalisierung der Welt. Die wichtigste Triebkraft dieser Entzauberung ist, dass uns die Wissenschaft vielerlei Beschreibungen und Vorhersagemöglichkeiten für alle möglichen Naturphänomene gegeben hat. Insbesondere die Evolutionstheorie untergrub die Autorität der Kirchen, während mit dem massiven Anstieg des Wohlstands (auch dank der Wissenschaft) die Autorität der Wissenschaft stetig wuchs. Religion und Mysterien mussten häufig den Ideen und absolute Gewissheiten der Wissenschaft weichen. Absolute Gewissheiten, die in Bezug auf philosophische Probleme wie Leben, Tod und Sinngebung anscheinend nicht standhalten können. Einige Wissenschaftler glauben sogar, dass uns letztendlich kein Mysterium mehr bleiben wird. Diese letzte Aussage scheint mir aber übertrieben. Zum Beispiel haben wir keine Ahnung, woher unser Universum kommt, und wir können nicht weiter als bis zum Urknall zurückblicken. Die Entstehung des Universums bleibt also ein Mysterium. Auch die Entstehung des Lebens auf der Erde ist noch ein großes Rätsel. Mit anderen Worten, auch der allmächtige Status der Wissenschaft ist nicht unangreifbar. Wie tief die Autorität und die Ideen der Wissenschaft tatsächlich in unser Denken eingedrungen sind, werde ich in diesem Buch näher erläutern.

Ich denke, wir benötigen eine neue Vision: eine Vision, die die Existenz des Bewusstseins der Menschen als solches anerkennt und die die Menschen selbst mehr wertschätzt als das, was sie produzieren können. Eine solche Vision wäre ein wichtiger Lichtblick. Das Bewusstsein der Menschheit hat sich während der letzten 50.000 Jahren weiterentwickelt und weniger selbstsüchtige Menschen hervorgebracht. Es wird oft angenommen, dass die prähistorischen Naturvölker ein höheres Bewusstsein hatten. Das stimmt nicht: Im Allgemeinen waren sie gemäß unseren derzeitigen Maßstäben ziemlich gewalttätig. Die Wahrscheinlichkeit, an den Folgen einer kriegerischen Auseinandersetzung zu sterben, lag in jener Zeit bei etwa 50%. Heutzutage beträgt diese Wahrscheinlichkeit nur ein paar Prozent.

Unser Bewusstsein ist ein unsichtbares Phänomen, das oft ignoriert oder vergessen wird, obwohl es (doch) für das Verhalten einer Zivilisation entscheidend ist. Häufig hoffen die Menschen, globale Probleme mit Hilfe eines neuen Wirtschaftssystems oder technologischer Innovation lösen zu können, was aber ohne ein weiteres Bewusstseinswachstum unmöglich ist. Das wichtigste Merkmal eines erhöhten Bewusstseins ist es, dass wir uns selbst immer weniger in den Mittelpunkt stellen. Wir werden weniger egoistisch und dadurch, aus meiner Sicht, auch zu besseren Menschen. Die Kultur innerhalb einer Gesellschaft wird durch das durchschnittliche Niveau der individuellen Bewusstseinsebenen aller Mitglieder dieser Gesellschaft bestimmt. Dieses Niveau ist in den letzten 50.000 Jahren enorm gestiegen, und wir befinden uns heute auf einem sehr hohen Bewusstseinsniveau. Das sind im Prinzip gute Neuigkeiten. Heute sind wir jedoch von der Erkenntnis, dass noch eine Weiterentwicklung unseres Bewusstseins möglich ist, weiter entfernt als je zuvor. Und das, obwohl eine Verringerung der Egozentrik die Lösung für fast alle Katastrophen bietet, die uns momentan bedrohen. Wir brauchen daher neue Ideen, eine neue Vision für unsere Gesellschaft, in der wir dem Bewusstsein einen deutlich höheren Stellenwert einräumen.

Es wird immer deutlicher sichtbar, dass Wissenschaft und Technologie, wenn diese ohne einen entsprechenden ethischen Standard entwickelt und angewandt werden, sich langsam aber sicher von einem Segen zu einer Gefahr für die Menschheit verwandeln. Technologien werden entwickelt, um Geld zu verdienen und nicht mehr, um soziale Probleme zu lösen. Technologische Errungenschaften werden immer größer und gefährlicher, wie uns atomare Katastrophen aufzeigen. Viele Lösungsvorschläge sind auch nur für den reichen Teil der Welt interessant, beispielsweise die Speicherung von CO_2 im Boden. Stattdessen müssen wir nach Technologien suchen, die von allen genutzt werden können, und welche die Umwelt nicht weiter schädigen. Mit diesem Buch möchte ich einen Anstoß für die Entwicklung solcher naturgerechten Technologien geben. Damit meine ich auch eine Herangehensweise, die anerkennt, dass wir nicht alles verstehen können und daher mit der Natur und uns selbst etwas vorsichtiger und sorgfältiger umgehen müssen.

Die Vorstellung, dass wir in einigen Jahren eine Weltbevölkerung von 10 Milliarden Menschen haben werden, erschreckt uns. Aber warum ist das so? Liegt es an denjenigen, welche die Menschheit als Seuche sehen, als die größte Bedrohung für die Biodiversität unseres Planeten? Oder liegt es an der Angst vor Engpässen, da es wahrscheinlich bald zu wenig Ressourcen für alle geben wird? Oder liegt es vielleicht an der Vorstellung, dass das Universum und somit auch wir Menschen nur durch zufällig kollidierende Teilchen entstanden sind und deshalb eigentlich nichts Besonderes sind – und damit auch keinem besonderen Zweck dienen, wie es von vielen Wissenschaftlern propagiert wird? Diese Ideen werden uns multimedial eingeflößt. Jede Naturdokumentation endet heute mit einem Vorwurf an die Menschheit. Wir hören, dass das Aussterben von Tieren auf die Verkleinerung der natürlichen Lebensräume durch das Wachstum von Städten und Landwirtschaft sowie auf die Überfischung der Meere und Umweltverschmutzung zurückzuführen ist. Der Mangel an Rohstoffen und Lebensmitteln ist eine Folge der

Überbevölkerung. Viele Filme und Bücher handeln davon dass die Menschheit bald von einer globalen Katastrophe heimgesucht wird, nach der nur eine kleine Anzahl auserwählter Menschen eine neue Gesellschaft aufbauen muss. Uns werden aber auch Träume präsentiert, in denen wir die Raumfahrt nutzen, um Rohstoffe von anderen Planeten zu holen oder, noch futuristischer, in denen wir Menschen andere Planeten kolonisieren.

Darüber hinaus gefährdet der Ersatz menschlicher Intelligenz durch Computerintelligenz die Zukunft von Milliarden von Arbeitsplätzen. Milliarden Menschen werden dann „wertlos“, was dem Begriff „Überbevölkerung“ eine

Slums in Kenia (unbekannter Fotograf, Quelle: Aqua for All)

völlig neue Bedeutung verleiht. Es scheint, als ob die technischen Errungenschaften des Menschen, insbesondere jene Technologien mit denen Geld verdient werden kann, unsere Gesellschaft prägen, anstatt dass wir zuerst darüber nachdenken, in welcher Welt wir leben wollen, und dann Wissenschaft und Technologie dafür einzusetzen eine solche Welt zu realisieren. Es gibt ebenso viele Wissenschaftler, die an chemiefreier Landwirtschaft arbeiten wollen, wie an chemiebasierter Landwirtschaft. Die Entscheidung sollte daher nicht von den aktuellen Cashflows bestimmt werden, sondern von der Gesellschaft – d.h. von uns selbst.

Dass Ideen wie Raumfahrt und künstliche Intelligenz so beliebt sind, finde ich aus philosophischer Sicht interessant. Berichte über neue Antworten auf grundlegende Fragen, wie etwa die wissenschaftliche Erklärung des Ursprungs unseres Universums, werden von den Medien viel lieber aufgegriffen als Berichte, die behaupten, dass uns eine endgültige Antwort auf diese Fragen wohl für immer verwehrt bleibt. Das zeigt unseren Wunsch nach einer kontrollierbaren Welt. Es scheint sich eine Art Faulheit in unser Denken einzuschleichen, durch die wir uns vor Dingen verschließen, die wir nicht verstehen können. Wir wollen, dass unser Leben überschaubar ist, ohne Risiken und ohne Schicksalsschläge. Gleichzeitig bestätigt diese Vorstellung die Illusion, dass wir im Westen und in anderen reichen Teilen der Welt ohne ernsthafte Konsequenzen noch reicher werden können, dass den Ressourcen der Erde keine Grenzen gesetzt sind und vor allem: dass wir nicht mit dem Rest der Welt teilen müssen. Die Fakten sprechen jedoch dafür, dass wir teilen müssen, wenn wir den Rest der Welt nicht in Armut und Hunger versinken lassen wollen. Denn so sorgen wir nicht nur für eine gerechtere Verteilung, sondern auch für mehr Stabilität und Frieden und für einen Rückgang der Flüchtlingsströme. Teilen ist daher eine Notwendigkeit. Zum Beispiel gibt es auf der Welt nicht genug Trinkwasser, um einen westlichen Lebensstandard für alle gewährleisten zu können. Weltweit stehen etwa 2300 Liter Trinkwasser pro Person und Tag zur Verfügung, ein durchschnittlicher Niederländer verbraucht derzeit 4000 Liter pro Tag. Unser enormer Wasserverbrauch beruht hauptsächlich auf unserem Fleisch- und Bekleidungskonsum. Hierbei handelt es sich um in die Niederlande importiertes Wasser, das hauptsächlich aus nahezu erschöpften Grundwasserquellen gewonnen wird – diese Situation ist nicht tragbar. Die Vorstellung, nicht teilen zu müssen, ist mit unserem westlichen „Wasserfußabdruck" schlicht nicht vereinbar.

Mit diesem Buch möchte ich ein Plädoyer dafür halten, dass wir just interessanten Zeiten entgegengehen – Zeiten, in denen sich 10 Milliarden Menschen die Erde teilen werden. Es gibt jedoch nur Platz für diese 10 Milliarden Menschen, wenn wir weniger egoistisch werden. Wenn wir es schaffen, als 10 Milliarden Menschen auf dieser Erde zusammen zu leben, ist es uns gelungen, zu teilen. Das ist eine großartige Vision für unsere Zukunft. Wir sollten nicht in Untergangszenarien denken, nicht davon ausgehen, dass es nicht genug gibt. Wir dürfen nicht zynisch werden und davon ausgehen, dass sich alles um Geld, Gier, Macht und Neid dreht. Unser Ziel muss es sein, ein höheres Bewusstsein zu erreichen, so wie es die schon Menschheit seit 50.000 Jahren getan hat. Weniger egoistische Menschen brauchen weniger Dinge und können besser teilen. Dieses Teilen ist von entscheidender Bedeutung, da wir die Probleme mit großen technologischen Innovationen allein nicht lösen werden können.

Die Bedrohungen, denen Erde und Menschheit jetzt ausgesetzt sind, sind allgemein bekannt, aber für den Einzelnen nicht mehr überschaubar: Wir wissen nicht, wo wir anfangen sollen, und darum wird individuell zu wenig getan. Erst mit einer neuen Interpretation der Rolle des Menschen können wir uns neue Ziele setzen. In diesem Buch möchte ich eine Version einer solchen Neuinterpretation präsentieren und einen Leitfaden dafür geben, was wir selbst beitragen können. Grundsätzlich können wir nämlich durchaus optimistisch in die Zukunft blicken.

2

Erst wenn der letzte Baum gerodet,
der letzte Fluss vergiftet,
der letzte Fisch gefangen ist,
werdet Ihr merken,
dass man Geld nicht essen kann.

Sprichwort der Cree Indianer

10 Milliarden Menschen

Jeder weiß, dass Wasser und Nahrung die Grundlage aller Zivilisationen sind. Dies wird gut in einem berühmten Zitat zusammengefasst: *Zwischen Ordnung und Chaos liegen nur sieben versäumte Mahlzeiten*. Der Verlust einer dieser beiden Quellen, Wasser oder Nahrung, stellte in der Vergangenheit das Ende vieler Zivilisationen dar. Was viele nicht wissen, ist, dass unser heutiger Wasser- und Lebensmittelverbrauch der Erde sehr viel abverlangt. Der durch die Menschen verursachte, gewaltige Verbrauch von Wasser und Nahrungsmitteln sowie von Energie hat enorme Auswirkungen auf die Umwelt. Diese Auswirkungen werden häufig in Form von sogenannten „Fußabdrücken“ veranschaulicht.

Die zwei bekanntesten Fußabdrücke sind der Wasserfußabdruck (wie viel des globalen Wasservorrats beanspruchen wir) und der CO_2-Fußabdruck (wie viel CO_2 und andere Treibhausgasemissionen wie z. B. Methan produzieren wir). Aufgrund der allgemein bekannten Beziehung zwischen CO_2 Ausstoß und Klimawandel steht der CO_2-Fußadruck im Moment im Mittelpunkt des Interesses. Wissenschaftlern zufolge dürfen wir nur noch maximal insgesamt 1000 Milliarden Tonnen CO_2 in die Atmosphäre freisetzen, wenn wir den globalen Temperaturanstieg unter zwei Grad halten wollen. Dieser Anstieg um zwei Grad wird als das Maximum angesehen; dessen Überschreitung würde auf der Erde Wetterkatastrophen wie Hurrikane und Überschwemmungen verursachen. Gegenwärtig liegt der CO_2 Ausstoß bei 40 Milliarden Tonnen pro Jahr, somit wird das Limit für den Ausstoß in 25 Jahren erreicht sein.

Der Klimawandel wird häufig als großes Untergangsszenario angesehen. Jeden Tag versuchen wir uns an allerlei Energiesparmaßnahmen, setzen auf die Erzeugung erneuerbarer Energien. Die Maßnahmen zur Kontrolle der CO_2-Emissionen erzeugen jedoch, so glaube ich, ein falsches Bild. Durch die so erlangte Reduzierung des CO_2-Verbrauchs scheint es, als ob wir, unterstützt durch unterschiedlichste technische Maßnahmen, noch immer die Kontrolle über unsere Umwelt hätten. Wir bauen Windkraftanlagen, produzieren Bioethanol und ziehen sogar Kernenergie als mögliche Lösung in Betracht. Tatsächlich ist das Klimaproblem zu einem großen Geschäft geworden. Das Pariser Klimaabkommen erfordert Investitionen in einer Höhe von 12.000 Milliarden Euro. Viele Kohlekraftwerke müssen durch andere Energiequellen ersetzt werden, Häuser müssen isoliert werden usw. Aber selbst wenn wir durch die Angst vor einer Klimaveränderung die CO_2-Emissionen reduzieren können, bleiben viele andere Umweltprobleme ungelöst.

Die Wasserkrise

Für den Wassermangel gibt es keine unmittelbare Lösung. Daher werden in diesem Fall auch keine weltweiten Vereinbarungen getroffen, wie beispielsweise über die CO_2-Problematik mit dem Übereinkommen von Paris. Dem Weltwirtschaftsforum in Davos zufolge ist jedoch nicht der Klimawandel, sondern die Wasserkrise unsere größte Umweltbedrohung. Seit 2015 ist die Wasserkrise immer unter den Top 5 der globalen Risiken gelistet. Es ist jedoch kaum jemandem bewusst, dass unser jetziger Wasserverbrauch die der Menschheit jährlich zur Verfügung stehende Süßwassermenge, bei weitem übersteigt. Wir können jedoch nicht weiterhin so viel Wasser verbrauchen wie im Moment, weil es einfach nicht möglich ist, noch mehr Wasser herzustellen. Wir können das Wasser nur fairer verteilen – und nicht mehr Wasser nutzen als uns zur Verfügung steht. Und da wir Wasser für beinahe jeden Aspekt unseres Lebens brauchen, hat dies natürlich auch Einfluss auf unseren Wohlstand. Dieses Problem ist eine viel größere Bedrohung für unser Luxusleben als der Umstieg auf Windkraftanlagen, um die CO_2-Emissionen zu reduzieren. Vielleicht hören wir gerade deshalb viel weniger von der Wasserkrise.

Tatsächlich ist es so, dass zukünftig viele nachhaltige Energiepläne nicht umgesetzt werden können, da einfach nicht genug Wasser für ihre Realisierung vorhanden ist. Nur 3% des Wasservorrats der Erde sind Süßwasser, ein Großteil

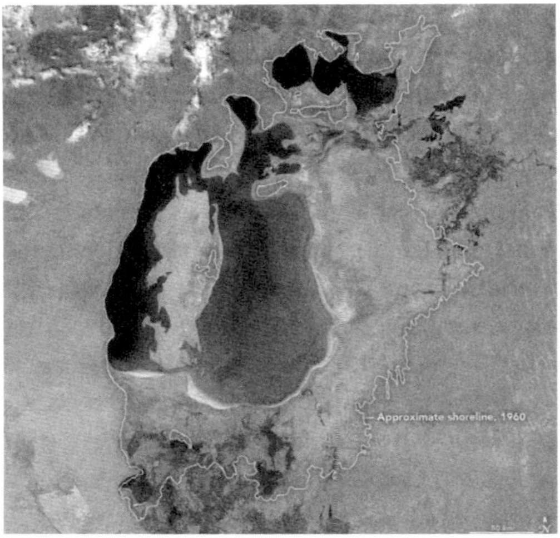

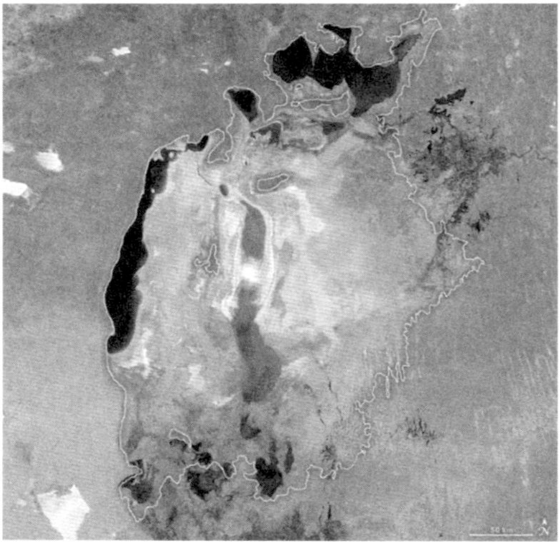

Auf der ganzen Welt versiegen Seen, Flüsse und unterirdische Wasserressourcen wie z.B. der Aralsee (2000 und 2015; Quelle: NASA)

davon ist in den polaren Eismassen und Gletschern eingefroren. Die verbleibenden 97% – Salzwasser – sind für die Nutzung in der Landwirtschaft ungeeignet. Unser gesamtes Süßwasser und damit auch unsere Süßwasservorräte entstehen ausschließlich durch Verdunstung aus den Ozeanen.

All jene Wolken, die über dem Meer abregnen, nützen uns nichts. Nur die Wolken, welche es über dem Festland regnen lassen – an Orten, wo der Regen dann auch verwendet werden kann – sind für uns nützlich. Leider geht ein sehr großer Teil des Regens an Orten nieder, an denen es uns eben nichts nützt, wie etwa am Südpol. Dieser Regen endet – den Umweg über Eisberge nehmend – in den Ozeanen und steht somit der Landwirtschaft nicht zur Verfügung. Nur etwa 20% des Regens können von der Menschheit tatsächlich genutzt werden. Dieser Regen wird zum einen Teil direkt von der Vegetation absorbiert und endet zum anderen Teil in Flüssen und Seen. Ein Teil davon dringt auch in den Boden ein und speist so die Grundwasservorräte. Grundsätzlich können wir diesen über Land fallenden Regen nachhaltig für unsere Energieproduktion und die Landwirtschaft nutzen. Aber die Menschheit verbraucht mehr Wasser als verfügbar ist. Viele Seen sind bereits – zum Teil oder ganz – ausgetrocknet. Ein Beispiel ist der Aralsee in Russland, der für die Bewässerung von Baumwollfeldern „verbraucht" worden ist.

In unterirdischen Lagerstätten ist auch fossiles Wasser gespeichert, das sich seit Millionen von Jahren im Boden angesammelt hat. Diese Reservoirs werden nur sehr langsam oder gar nicht aufgefüllt. Das fossile Wasser wird daher, wie auch unsere Erdöl-Vorräte, tatsächlich verbraucht, wenn man es verwendet. Ein Beispiel ist das Aquilla-Reservoir, welches unter den Prärien mehrerer amerikanischer Staaten liegt. Nahezu alle wirtschaftlichen und landwirtschaftlichen Aktivitäten dieser Region sind davon abhängig. Dieses Reservoir wurde bereits zu einem Drittel geleert. Es ist äußerst besorgniserregend, dass wir diese großen fossilen Grundwasservorkommen, die in Millionen von Jahren aufgebaut wurden, in nur hundert Jahren verbrauchen. Dieser Wasserverbrauch kann nicht als nachhaltig angesehen werden, da der Verbrauch deutlich schneller ist als das Auffüllen der Reservoirs. Es gibt also einen großen Wassermangel, und als Folge dessen sind bereits die Hälfte aller Flusseinzugsgebiete überstrapaziert – und das fossile Grundwasser wird aufgebraucht. Auch die Natur leidet darunter: Ohne Süßwasser gibt es weder Flora noch Fauna. Viele Naturschutzgebiete sind bereits ausgetrocknet. Das hat globale Auswirkungen: Wenn es in Afrika zu einer Dürre kommt, kehren im Frühjahr weniger Blaureiher in die Niederlande zurück. Mehr als die Hälfte der Menschen auf der Erde ist bereits ein oder mehrere Monate im Jahr mit der Wasserknappheit konfrontiert.

Oft ist uns gar nicht bewusst, dass alles, was wir im täglichen Leben tun, Wasser verbraucht. Verbrauch bedeutet, dass das Wasser verdampft oder sich in einem Produkt befindet. Duschen zählt darum nicht, weil das Wasser nicht verdunstet: Das Duschwasser kehrt über den Abwasserkanal in den Fluss zurück und kann wiederverwendet werden. Das Wasser für unseren Garten jedoch zählt als verbrauchtes Wasser, da die Pflanzen dieses Wasser über ihre Blätter verdampfen. Unser

Wasserverbrauch ist also wesentlich höher als die zwei Liter Wasser, die wir täglich trinken. Um ein Kilogramm Getreide (Brot) herzustellen, werden ungefähr 1000 Liter Wasser benötigt, ebenso für nur 100 Gramm Rindfleisch. Die landwirtschaftliche Nahrungsmittelproduktion verbraucht also am meisten Wasser. Aber auch die Stromerzeugung aus Öl, Kohle, Gas oder Kernenergie kostet viel Wasser, weil das benötigte Kühlwasser logischerweise verdampft wird. Auch

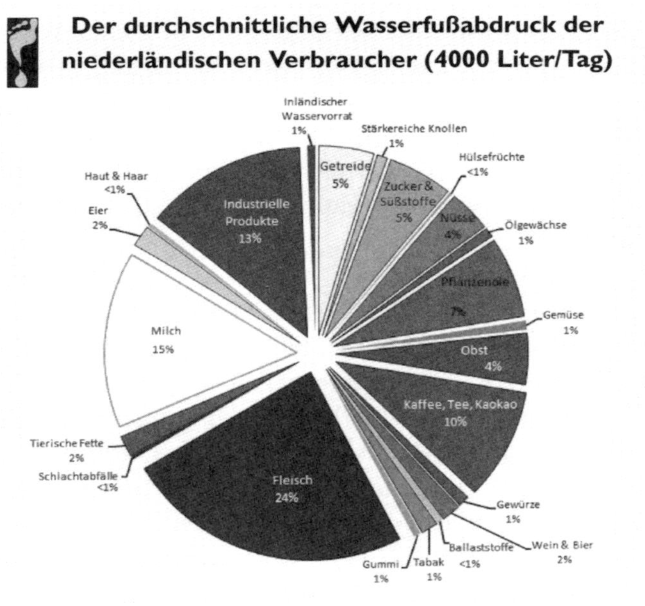

Der Wasserverbrauch eines niederländischen Durchschnittsbürgers ist zu einem großen Teil auf den Konsum von Nahrungsmitteln zurückzuführen. Wasser, das im Haushalt verwendet wird, macht weniger als 1% dieses Verbrauchs aus (Quelle: Mekonnen & Hoekstra, 2011 - National Water Footprint Accounts Unesco-IHE)

Baumwolle, Kaffee, Schokolade, Nüsse und Tee benötigen im Anbau und in der Herstellung hohe Wassermengen.

Der auf nachhaltigen Wasserverbrauch spezialisierte Professor Arjen Hoekstra hat für viele Produkte den Wasser-Fußabdruck berechnet. Er kommt zu dem Schluss, dass der durchschnittliche Niederländer täglich etwa 4000 Liter Wasser verbraucht. Dazu gehören die zwei Liter Wasser, die wir an einem Tag trinken. Ein niederländischer Haushalt verbraucht durchschnittlich 125 Liter Trinkwasser pro Tag zum Waschen, Duschen und Spülen der Toilette. Dieses Wasser kommt jedoch durch den Abwasserkanal zurück, wird also nicht verwendet und zählt daher nicht. Die folgende Abbildung zeigt, wo unser unsichtbarer Wasserverbrauch liegt. Der Großteil unseres Wasserverbrauchs ist auf Lebensmittel vor allem auf tierische Produkte wie Fleisch und Milchprodukte zurückzuführen.

Sind 4000 Liter täglicher Wasserverbrauch zu viel für die Niederländer? Chinesen und Inder verbrauchen rund 3000 Liter pro Tag, und Amerikaner 7000 Liter. Um der globalen Wasserknappheit ein Ende zu setzen, müssen wir unseren Wasserverbrauch bis zum Jahr 2050 pro Weltbürger auf 2.300 Liter pro Tag reduzieren. In den Niederlanden werden Getreide und Sojabohnen aus anderen Teilen der Welt importiert. Dadurch werden die Wasserressourcen an anderer Stelle stark beansprucht. Menschen in ärmeren Gegenden, die kein Fleisch essen und wenig Energie verbrauchen, verbrauchen auch weit weniger Wasser. In Ländern wie Angola, Guatemala und Nicaragua liegt der Wasserverbrauch bereits unter 2.300 Liter pro Person und Tag. Die einzige mögliche

Lösung ist daher, den Wasserverbrauch der Großverbraucher (uns eingeschlossen) zu reduzieren; ansonsten laufen wir Gefahr, dass die ärmeren Regionen der Welt es uns im Wasserverbrauch gleichtun wollen.

Können wir dieses Problem mit all unserer Wissenschaft und Technologie nicht lösen, indem wir mehr Wasser erzeugen oder Wasser aus Gebieten mit zu viel Wasser entnehmen und in Gebiete mit zu wenig Wasser bringen? Die Antwort auf diese Frage ist einfach und lautet: Nein. Das meiste Wasser fließt in die Landwirtschaft. Nehmen wir zum Beispiel ein Kilo Getreide: Um es anzubauen, werden 1000 Liter Wasser benötigt. Wenn wir dieses Wasser aus Meerwasser herstellen würden, würden wir 35 mal mehr Salz als Getreide produzieren. Wir können Süßwasser aus dem Salzwasser herstellen, indem wir das Meerwasser in einen Teil Süßwasser und einen Teil hochgradig salziges Wasser aufteilen. Das salzige Wasser wird dann ins Meer rückgeleitet, was nicht ohne Folgen bleibt. Der Persische Golf zum Beispiel, aus dem viel Süßwasser gewonnen wird, ist in den letzten Jahren bereits um etwa 25% salziger geworden. Außerdem ist die Meerwasserentsalzung wegen der teuren Installationen und der hohen Energiekosten beinahe unerschwinglich. Der Getreidepreis liegt jetzt bereits bei 15 Cent pro Kilo. Dafür muss ein Bauer aber auch säen, düngen, ernten usw. Dies lässt nicht mehr viel Spielraum für Mehrkosten des zur Bewässerung benötigten Wassers, welches darum nicht mehr als wenige tausendstel Cent pro Liter kosten darf. Die Herstellung von Süßwasser aus Meerwasser kostet jedoch mindestens 30 Cent pro 1000 Liter, und darin sind die Transportkosten in die landwirtschaftlichen

Gebiete noch nicht enthalten. Mit derartigen Mehrkosten würde der Getreidepreis auf 50 Eurocent pro Kilo steigen. Das ist für Milliarden von Menschen unerschwinglich. Sogar das reiche Saudi-Arabien hat aufgehört, Getreide mit entsalztem Meerwasser zu bewässern. Zum Vergleich: In den Niederlanden zahlen wir mehr als 1 Euro für 1000 Liter Trinkwasser. Das ist das 20- bis 50-fache dessen, was ein Getreidebauer für Bewässerungswasser zahlen kann. Das Volumen an Bewässerungswasser ist aber auch viel größer als die Trinkwassermenge in unserer Welt. Trinkwasser in den Niederlanden kostet etwa 0,1 Cent pro Liter, und Mineralwasser in Flaschen kostet nicht weniger als 50 Cent pro Liter, das ist 500-mal so teuer.

Die Menge des verfügbaren Wassers scheint uns zu lehren, dass die Menschheit nicht ständig wohlhabender werden kann. Diese Ansicht wird von vielen hartnäckig abgelehnt, weil sie die Illusion haben, dass Innovation und Wissenschaft alle Probleme lösen können. Trotz all unserem Einfallsreichtum und Wissen sind wir jedoch immer noch – und zunehmend – mit Wasserknappheit konfrontiert, für die wir keine Lösung haben, während der Wasserverbrauch weiter steigt. Immer mehr Menschen leben auf unserem Planeten, darum wird auch immer mehr Nahrung und somit auch immer mehr Wasser benötigt. Außerdem werden wir immer reicher, und reiche Menschen verbrauchen mehr Wasser als arme Menschen. Insbesondere, weil reiche Menschen mehr Fleisch essen, aber auch, weil reiche Menschen mehr Energie verbrauchen und mehr Konsumgüter erwerben. Denn Wasser wird natürlich auch für die Produktion von Energie und für die Herstellung von Produkten benötigt. Es lässt sich einfach berechnen und vorhersehen, dass Wasserknappheit in weiten Teilen der Welt die Nahrungsmittelproduktion und auch die Wirtschaft stark einschränken wird – dies hat sich bereits an verschiedenen Orten bewahrheitet.

Es wird erwartet, dass unser Wassermangel – von im Moment etwa 15% – innerhalb der nächsten 15 Jahre auf 40% steigen wird. An vielen Orten werden große fossile Wasserressourcen aufgebraucht. Dies ist bereits in mehreren Regionen der Welt der Fall, beispielsweise bei der Herstellung von Pistazien im Iran. In den USA, China und Indien sind sehr große landwirtschaftliche Flächen von diesen fossilen Wasserquellen abhängig, die in absehbarer Zeit leer sein werden. Milliarden von Menschen leiden bereits unter einer Form von „Wasserstress", und dieser Stress wird enorm zunehmen, da die Weltbevölkerung weiterhin wächst und stets reicher wird.

Die aktuellen Probleme in Syrien sind auch weitgehend auf Wasserknappheit zurückzuführen. Die Spannungen haben in diesem Land aufgrund von Dürre zugenommen. El Niño, ein durch den Klimawandel verstärktes Naturphänomen, welches unter anderem auch Trockenheit verursacht, hat 2015/2016 schätzungsweise 60 Millionen Menschen betroffen. Es steht zu befürchten, dass bis 2050 aufgrund des Klimawandels, insbesondere der damit verbundenen Dürre, rund 200 Millionen Menschen zu Migranten werden. Die meisten Migrationsströme, die durch den Wassermangel ausgelöst werden, bleiben jedoch innerhalb nationaler Grenzen, wie etwa im Fall der Nomaden in Kenia, die sich aufgrund der Dürre mit ihrem Vieh aus ihren angestammten

Lebensräumen zurückziehen. Dies führt schnell zu Konflikten mit landwirtschaftlichen Betrieben, wenn deren Ernte vom Vieh der Nomaden aufgefressen wird.

Wachstum der Weltbevölkerung

Die Weltbevölkerung ist im 20. Jahrhundert exponentiell angestiegen. Um das Jahr 1900 gab es auf unserer Erde zwei Milliarden Menschen, im 20. Jahrhundert kamen nicht weniger als 5 Milliarden Menschen dazu. Ende 2011 erreichten wir eine Art Meilenstein – sieben Milliarden Menschen auf unserer Erde. Die Erdbevölkerung wächst derzeit um rund 70 Millionen Menschen pro Jahr. Es wird erwartet, dass im 21. Jahrhundert nur drei Milliarden Menschen hinzukommen werden, das Wachstum der Weltbevölkerung nimmt also ab. Wenn jede Frau gemittelt 2,1 Kinder hätte, würde sich die Weltbevölkerung stabilisieren. Große Gebiete auf der Erde wie die EU, Russland, China und Japan bleiben unter diesem Durchschnitt. In Südasien und Afrika liegt die Geburtenrate jedoch im Moment noch höher, die Bevölkerung wächst dort weiterhin stark (2% jährlich). Trotzdem verlangsamt sich das Wachstum insgesamt. Es wird prognostiziert, dass um 2100 eine stabile Zahl von rund 10 Milliarden Menschen erreicht werden wird und das Wachstum nach 2100 aufhören wird. Nur in Afrika soll die Bevölkerung dann noch weiterwachsen, in Asien und Europa hingegen um 0,1 bis 0,2% pro Jahr sinken.

Beim Vergleich solcher Wachstumszahlen wird häufig die Theorie von Malthus (1798) zitiert. Er sagte voraus, dass die Bevölkerung schneller wachsen würde als die Nahrungsmittelproduktion, und dass dies eine große Hungersnot verursachen würde. Ich glaube, dass er damit falsch lag. Aus meiner Sicht hängt das Wachstum der Weltbevölkerung immer mit der Fähigkeit der Menschheit zusammen, ausreichend Lebensmittel herzustellen. Zusätzliche wesentliche Faktoren sind natürlich auch verbesserte hygienische Standards und bessere Ernährung. In meinen Augen ist es eine enorme menschliche Leistung und ein Symbol für Zusammenarbeit, Einsicht und Einfallsreichtum der Menschheit, dass nun so viele Menschen auf der Erde leben können. Niemals zuvor war die Menschheit dazu in der Lage. Dies ist nicht nur durch Innovationen möglich, sondern auch dadurch, dass in den letzten Jahrhunderten die Selbstsucht der Menschheit abgenommen hat, denn ohne Kooperation wäre dies unmöglich gewesen. Verschiedene Szenarien zeigen, dass die Menschheit für 10 Milliarden Menschen ausreichend Nahrung bereitstellen kann, vorausgesetzt, wir teilen das verfügbare Wasser angemessen auf, und jeder verbraucht weniger als 2300 Liter Wasser pro Tag.

Wachstum des Wohlstands

Nicht nur die Bevölkerung wächst, sondern auch unser Wohlstand. Laut dem bekannten Ökonomen Thomas Piketty war das Wachstum des Wohlstands bis zum Jahr 1700 gleich dem Wachstum der Weltbevölkerung, sodass im Durchschnitt alle ungefähr gleich wohlhabend waren. Zwischen 1700 und 1820 wuchsen die Wirtschaft und damit auch der Wohlstand um 0,1% pro Kopf. Danach ging es schneller und schneller. Zwischen 1820 und 1913 wuchs die Wirtschaft um 0,9%, und von 1913 bis 2012 um 1,6%. Diese Wachstumsraten scheinen gering zu sein, aber aufsummiert bedeuten sie, dass wir in den letzten 100 Jahren pro Person beinahe fünfmal reicher geworden sind.

Gleichzeitig mit der Weltbevölkerung wuchs die Wirtschaft in den letzten 100 Jahren (1913-2012) um 3% pro Jahr. Umgerechnet bedeutet das, dass die Wirtschaft in den letzten 100 Jahren um den Faktor 25 zugenommen hat. In den 100 Jahren davor (1820-1913) war die Wirtschaft bereits um das 4,5-fache angewachsen. Es ist wichtig für uns zu verstehen, dass das Wirtschaftswachstum ein ebenso wichtiger Faktor ist wie das Bevölkerungswachstum. Wenn jeder von uns heute nur so wohlhabend wäre wie ein Durchschnittsmensch im Jahr 1900, dann würden wir jetzt nur ein Fünftel des Wassers benötigen.

Leider sind Wirtschaftswachstum und Wohlstand nicht gleichmäßig auf die Weltbevölkerung verteilt. Die Menschen in Europa und Nordamerika verdienen monatlich zwischen 2000 und 3000 Euro, während die Menschen in Afrika und Asien mit 200 bis 500 Euro im Monat auskommen müssen. In Lateinamerika liegt das durchschnittliche monatliche Einkommen bei 780 Euro. Angesichts des Wassermangels und der Biodiversitätskrise stellt sich die Frage, wie viel mehr Wohlstand die Welt noch ertragen kann. Wenn jeder so reich werden will wie wir im Westen und 2500 Euro im Monat ausgeben möchte, so übersteigt das die Möglichkeiten unseres Planeten. Die Erde bietet also genug Platz für 10 Milliarden Menschen, aber nicht für 10 Milliarden reiche Menschen.

Natürlich ist jeder damit einverstanden, dass Menschen, die in schrecklicher Armut leben, reicher werden müssen. Aber auch die reichen Länder glauben, es gehe ihnen schlecht, und auch sie wollen (noch) reicher werden. Die reichsten Regionen der Welt, die EU, die USA und andere OECD-Länder, streben nach wie vor ein Wirtschaftswachstum an, vorzugsweise mehr als 1,5% pro Jahr. Wenn unsere Wirtschaft noch weitere 30 Jahre lang um 1,5% wächst und unsere Bevölkerung stabil bleibt, dann werden wir alle um 50% reicher. Genau das ist in den letzten 60 Jahren passiert. Das Buch *Golden Years* von Annegreet van Bergen beschreibt, was die Steigerung des Wohlstands seit 1950 in den Niederlanden bewirkt hat. Persönlich – ich bin gerade in meinen Fünfzigern – habe ich auch einen großen Teil dieses Wohlstandszuwachses erlebt. Beispiele dafür sind die Verwendung von Gas anstelle von Kohle sowie die Möglichkeit, das ganze Jahr über frisches Obst und Gemüse aller Art kaufen zu können.

Aber auch die luxuriösen Krankenhäuser, die uns jetzt zur Verfügung stehen, sind ein Beispiel für unseren Wohlstand. Auf ein modernes Haus mit Heizung, Licht und fließendem Trinkwasser wäre sogar der Sonnenkönig Ludwig der 14. (im 17. Jahrhundert der reichste Mann der Welt) eifersüchtig gewesen. Neu sind auch unsere Mobiltelefone, die leistungsfähiger sind als die ersten PCs. Unsere Fernseher bieten jetzt rund um die Uhr dutzende von Kanälen an, früher waren es zwei Kanäle mit maximal zehn Stunden Sendezeit pro Tag. Fast alle von uns haben jetzt ein Auto, und moderne Autos sind wiederum auch um vieles besser ausgestattet, als die ersten Modelle es waren.

Dieser Reichtum führt jedoch auch zu Verschwendung: Wir werfen bis zu 30% unserer Lebensmittel weg. Wie wird unser Leben aussehen, wenn wir nochmals um 50% reicher werden? Werden wir dann womöglich 70% unseres Essens wegwerfen? Früher haben wir ein ganzes Hühnchen gekauft und gegessen, aber heute essen wir höchstens noch Brust und Schenkel, während der Rest des Huhns nicht mehr für den menschlichen Verzehr angeboten wird. Das bedeutet, dass wir noch mehr Hühner züchten müssen. Was bedeutet größerer Wohlstand in der Zukunft? Werden wir alle Roboter kaufen? Werden wir alle unsere Häuser automatisieren? Lohnt sich dies alles wirklich, wenn wir im Zuge dessen eine beispiellose Umweltkrise riskieren?

Auch der Tierschutz hat sich in den letzten 50 Jahren nicht verbessert. Wir können uns keine besseren Aufzuchtbedingungen für Hühner mehr leisten, obwohl unser Wohlstand enorm gestiegen ist. Als wir arm waren, durften die

Hühner auf Bauernhöfen frei herumlaufen. Jetzt, da wir reich sind, werden allein in den Niederlanden 150 Millionen Hühner pro Jahr industriell gezüchtet und geschlachtet. Was läuft hier falsch?

Es stellt sich die Frage, was es für das Leben der Menschen im Rest Welt bedeutet, wenn wir in Europa nochmals um 50% reicher werden. Ich erkenne hier mindestens drei große Nachteile:

- Erstens bedeutet dieser Reichtum in unserem täglichen Leben auch Armut. Alle Arbeitsplätze ohne steigerungsfähige Produktivität, werden unbezahlbar. Produktivität wird berechnet als jene Menge an Produkten, die von einem Arbeitnehmer pro Tag hergestellt werden kann. In Industrie und Landwirtschaft ist dieser Anstieg mit zunehmender Automatisierung beträchtlich, aber bei anderen Arbeitsplätzen, etwa bei Grundschullehrern, ist das Produktivitätswachstum praktisch gleich Null. Die Anzahl der Kinder, die ein Lehrer betreuen kann, ist begrenzt. Andere Beispiele sind Briefträger, Reinigungskräfte, Krankenschwestern, Altenhilfe usw. Diese Berufe können nicht wesentlich effizienter gestaltet werden. Dies ist in den Niederlanden bereits deutlich sichtbar. Die Gehälter dieser Berufsgruppen sind seit Jahren – trotz der Zunahme des Wohlstands – wenig gestiegen. Der Schwimmunterricht wurde aus den Schullehrplänen genommen, da die Schulen ihn sich nicht mehr leisten können – und das, obwohl die Niederlande noch nie so reich waren wie heute. Auch die Postämter sind verschwunden. Im Gesundheitswesen knarrt alles unter der Last des Personalmangels. Heutzutage haben viele Arbeitnehmer flexible Verträge, obwohl Studien gezeigt haben, dass solche Verträge die Menschen häufig verunsichern und unglücklich machen. Unser Reichtum wird sich also als Armut herausstellen, wenn wir keine Hilfe mehr für ältere Menschen, keine Krankenschwestern oder keinen Schwimmunterricht mehr haben.

- Zweitens kostet unser Wohlstandswachstum auch etwas. Einige Beispiele: Das Wirtschaftswachstum verursacht unter anderem starke Verschmutzungen des Bodens und eine Verschlechterung der Luftqualität, was auch unsere Gesundheit und Lebenserwartung verringert. Aufgrund unserer enormen Produktivität gibt es immer mehr Menschen, die nicht mehr mithalten können und durch das Netz fallen. Trotz der Tatsache, dass Einwohner der reichen Länder bei der Frage, ob sie glücklich sind, sehr gut abschneiden, fallen die Bewertungen bei der Frage nach dem Sinn und Zweck ihres Daseins sehr schlecht aus. Die Bewohner der reichsten und „glücklichsten" Länder verwenden große Mengen an Antidepressiva, und die Selbstmordraten sind hoch. In den ärmsten Ländern der Welt hingegen wird die Frage nach dem „Glücklich-Sein" eher niedrig bewertet, dafür ist die Frage nach dem Sinn und Zweck des Lebens dort sehr wichtig. Diese Länder haben eine deutlich geringere Suizidrate. Die Produktivitätssteigerungen bei der Automatisierung durch Computer und Roboter stehen aufgrund von Problemen mit Hackern ebenfalls unter Druck. Das modernste Containerterminal in

Rotterdam wurde im Juni 2017 wegen eines Hackerangriffs für eine Woche lahmgelegt, weil es niemanden mehr gibt, der diesen Terminal noch von Hand bedienen kann. Einen Monat zuvor mussten einige englische Krankenhäuser ebenfalls wegen eines Hackerangriffs kurzfristig schließen. Die Investitionen in Cyber-Security zum Schutz der Automatisierung müssen demnach enorm erhöht werden, und somit relativiert sich der Gewinn, der durch ebendiese Automatisierung erwirtschaftet werden kann. Die Kosten für eine derartige Steigerung des Wohlstands werden auf 18% der Gewinne geschätzt. Wir können uns diese Kosten sparen, wenn wir uns jetzt dafür entscheiden, etwas „ärmer" zu sein, und mehr Sinn im Leben zu erfahren, anstatt nur Reichtum anzusammeln. Jedes weitere Wachstum des Wohlstands scheint nur den Reichen zugutezukommen, wobei die Schere zwischen Arm und Reich immer größer wird. Dies wiederum scheint eine Art Muster in kapitalistischen Gesellschaften zu sein, in denen Land, Arbeit und Geld über Märkte gehandelt werden, wie dies in unserer westlichen Gesellschaft der Fall ist. Bas van Bavel hat dieses Muster beschrieben: Es beginnt mit einer offenen Gesellschaftsform, in der jeder die Chance hat, Wohlstand zu erreichen. Bald darauf steigt die Ungleichheit stark an, und die Reichen erhalten politische Macht. Als Folge davon verschwindet die wirtschaftliche Dynamik, und mit zunehmender Unfreiheit tritt ein Abschwung ein. In Folge dessen wird die Wehrpflicht abgeschafft, Söldnerarmeen treten auf den Plan, und Bürgerrechte werden eingeschränkt. Historisch konnte Bas van Bavel dieses Muster in den kapitalistischen Gesellschaften

Bagdads (500-1100), Italiens (1000-1500) und der Niederlande (1100-1800) erkennen.

- Drittens kann – weder mit 7 Milliarden noch mit 10 Milliarden Menschen – unser Wohlstand auf Dauer aufrechterhalten werden. Unser heutiger Wasserverbrauch wird in Zukunft unweigerlich zu einem Engpass führen. Wenn die (Trink-)Wasservorräte in weiten Teilen der Erde erschöpft sind, wird es zu Massenmigrationen von Milliarden von Menschen kommen. Ein solches Szenario kann für alle Beteiligten nur schlecht enden. Wenn der Westen immer reicher wird, werden sich auch die Menschen aus den armen Regionen der Erde ein Beispiel daran nehmen. Sie werden auch immer mehr Wohlstand wollen und durch die großen gesellschaftlichen Unterschiede immer unzufriedener werden. Wenn wir unseren Wasserfußabdruck auf der Erde reduzieren und das Wasser angemessen verteilen wollen, muss der Westen ein gewisses Maß an Sparmaßnahmen anstreben. Das bedeutet, dass wir nur dann Wachstum anstreben sollten, wenn wir weniger Wasser dafür benötigen, und somit der Wasser-Fußabdruck verringert wird. Dies ist eine wichtige Voraussetzung für den Erhalt des Wohlstands.

- Ein wichtiger Einwand, den man in diesem Zusammenhang oft hört, ist, dass wir weiteres Wirtschaftswachstum brauchen, um die Armuts-Probleme in den reichen Ländern zu lösen, denn selbst dort leben mehr als 10% der Einwohner unter dem Existenzminimum. Meines Erachtens ist jedoch nicht der Mangel an Wohlstand der

Grund für diese Armut, denn wir sprechen hier immerhin von den reichsten Ländern der Welt. Noch reicher zu werden, wird dieses Problem sicherlich nicht lösen, denn die Zunahme des Wohlstands wird nicht an die Ärmsten der Gesellschaft weitergegeben. Schlimmer noch, tatsächlich ist es so, dass die Armut in den reichsten Ländern der Welt in den letzten dreißig Jahren zugenommen hat, und dies trotz des gewaltigen durchschnittlichen Vermögensanstiegs. Aus oben genannten Gründen können immer weniger Menschen mit dem Wirtschaftswachstum Schritt halten. Die Benachteiligung sozialer Berufe, die gerade durch dieses Wirtschaftswachstum verursacht wird, zeigt deutlich, dass die Armut durch diese Art von Zuwachs an Wohlstand nur verschlimmert wird.

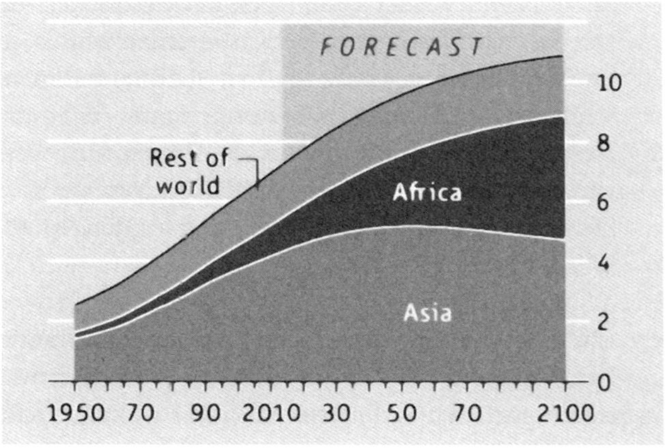

Die Weltbevölkerung wird im Jahr 2100 auf etwa 10 Milliarden Menschen gestiegen sein. Die Bevölkerung Afrikas und Asiens wird auch dann noch weiter stark wachsen (Quelle: UN)

Teilen oder nicht teilen?

Viele Menschen sind zuversichtlich, dass wir alle Umweltprobleme mit Technologie und Innovation lösen können und somit einfach und ohne Probleme reicher werden können. Aus meiner Sicht ist dies jedoch eine Utopie, da das Wasserproblem nicht unsere einzige Sorge ist. Es gibt viele ökologische und soziale Probleme, die trotz oder sogar dank unseres Reichtums immer größer werden. Neben der Klimakrise und der Wasserkrise spricht das Weltwirtschaftsforum auch über – durch Umweltprobleme verursachte – geopolitische Spannungen und unfreiwillige Migrationsströme. Hinzu kommt die Verschmutzung von küstennahen Meeresgebieten durch die von Flüssen eingebrachten Verunreinigungen sowie die Plastiksuppe in den Ozeanen. Aufgrund des intensiven Verkehrs gibt es in den Städten tödliche Konzentrationen an Feinstaubpartikeln, und es besteht ein unmittelbarer Mangel an wichtigen Rohstoffen aller Art, wie z.B. Zink im Boden für die Landwirtschaft. Der Verlust von fruchtbarem Boden ist generell eine große Bedrohung. Nur 3% der Landfläche der Erde sind fruchtbar und für die Landwirtschaft geeignet. Große Flächen fruchtbaren Bodens gehen jedes Jahr durch Überdüngung und Versalzung verloren. Wenn es an dieser Stelle noch Optimisten unter Ihnen gibt, liebe Leser, die glauben, dass die bis hierher angeführten Probleme lösbar sind, so möchte ich auch noch die Biodiversitätskrise anführen. Das Aussterben von Pflanzen- und Tierarten geht heutzutage 1000 Mal so schnell von statten, wie es von Natur aus der Fall wäre. Die Menschheit fischt Flüsse und Meere leer, zerstört Urwälder, verbraucht Böden mit Monokulturen und setzt viele Pestizide in der industriellen Landwirtschaft ein – so verschmutzt und zerstört die Menschheit langsam aber sicher einen Großteil ihrer natürlichen Umwelt.

Meiner Meinung nach haben alle diese sozialen und ökologischen Probleme im Wesentlichen dieselbe Ursache, nämlich die, nicht sehen zu wollen, welche Folgen unser Verlangen nach Luxus und Wohlstand für den Rest der Welt hat. Ich habe mich entschieden, den Wassermangel näher zu beleuchten, weil er anschaulich darstellt, dass unser Wasservorrat endlich ist und daher geteilt werden *muss*. Dies bedeutet wiederum, dass wir genügsamer leben müssen, weil es keine andere Lösung für das Wasserproblem gibt. Wir können versuchen, Wälder aufzuforsten, um mehr Wasser im Boden zu sammeln und zu halten, wir können Kulturpflanzen anbauen, die weniger Wasser verbrauchen, aber letztendlich müssen wir teilen, um dieses immense, komplexe Problem lösen zu können.

Diese Ansicht ist jedoch umstritten. Wir investieren nach wie vor stark in das Wirtschaftswachstum der reichsten Länder und setzen uns für Innovationen ein, die uns retten sollen. Es wurde und wird oft behauptet, dass mehr Geld benötigt wird, um die Wälder und die Umwelt zu retten. Dies erscheint mir seltsam und auch unvereinbar mit der Tatsache, dass in den letzten 100 Jahren, in denen die Menschheit 25-mal reicher geworden ist, gleichzeitig all unsere Probleme immense Ausmaße angenommen haben. Wohlstand und Verschwendung sind offenbar eher die Ursache unserer Probleme als ihre Lösung.

Es scheint eine egoistische, vielleicht sogar narzisstische Tendenz im Westen (und den anderen reichen Regionen Welt) zu geben. Die Menschen konzentrieren sich hauptsächlich auf ihren eigenen Komfort und Luxus und kümmern sich nicht allzu sehr darum, was das für andere bedeutet. Ein Beispiel ist die Verbreiterung der A2 (Autobahn zwischen Utrecht und Amsterdam in den Niederlanden). Die Anwohner haben einer Verbreiterung der Fahrbahn und damit einer deutlichen Zunahme an Fahrzeugen, die an ihren Häusern vorbeifahren, zugestimmt – unter der Voraussetzung, dass die zulässige Höchstgeschwindigkeit 100km/h nicht überschreitet. Nach der Eröffnung der Straße wurde von den Autofahrern lautstark protestiert, Denn die Straße war ihrer Meinung nach für nur 100 km/h viel zu schön, mittlerweile dürfen dort nachts 130 km/h gefahren werden. Es gibt kein Verständnis von Seiten der Autofahrer, welche (Lärm-) Belastung dies für die Anwohner verursacht – oder sind sie sich der Belästigungen, die sie verursachen, einfach nicht bewusst?

Könnte ein solches narzisstisches und gleichgültiges Verhalten durch eine bestimmte Idee verursacht werden, die sich in der westlichen Kultur in unsere Gedanken geschlichen hat? Jene Idee, dass wir in einem riesigen Universum durch reinen Zufall entstanden sind? Mit anderen Worten bedeutet das nämlich: Wenn wir durch einen puren Zufall entstanden sind, welchen Sinn hat dann unser Leben? Und wenn das Leben keinen Sinn hat, gibt es ein Leben nach dem Tod? Und wenn es kein Leben nach dem Tod gibt, was macht es dann schon aus, wie wir leben? In diesem Fall können wir genauso gut selbstsüchtig sein. Wie können wir uns von dem narzisstischen Streben nach Reichtum befreien, welches zu einer Umweltkrise führt die insbesondere die Ärmsten unter uns treffen wird? Wäre es nicht besser, wenn uns klar werden würden, dass die westlichen Staaten bis jetzt als ein Vorbild für die restliche Welt gedient haben, und dass wir darauf auch stolz sein können? Sind Einsicht und Bewusstwerdung bezüglich unserer Umweltprobleme nicht ein besseres Ziel und eine größere Belohnung als der Versuch, mehr Wohlstand anzusammeln? Offensichtlich ist eben jenes Streben nach Reichtum die Ursache für einige grundlegende Probleme unserer Zeit. Anstelle von Ansehen und Vorbildwirkung muss sich der Westen stattdessen nun hauptsächlich mit Eifersucht und Neid herumplagen.

3

Die schönste und tiefste Erfahrung, die ein Mensch erleben kann, ist die des Mysteriösen. Es ist das Grundprinzip der Religion sowie aller ernsthaften Bemühungen in Kunst und Wissenschaft. Derjenige, der diese Erfahrung nie gemacht hat, erscheint mir, wenn nicht tot, dann zumindest blind. Wenn man spürt, dass sich hinter allem Erlebbaren etwas befindet, das unser Verstand nicht erfassen kann, dessen Schönheit und Erhabenheit uns nur indirekt erreicht: Dies ist Religiosität. In diesem Sinne bin ich religiös. Mir reicht es aus, mich über diese Geheimnisse zu wundern und demütig zu versuchen, ein bloßes Abbild der erhabenen Struktur von allem, was da ist, in meinem Kopf zu erfassen.

Credo Albert Einstein

Wissenschaft: Wir können nicht alles wissen

Wie viele Bücher kann ein Mensch in seinem Leben lesen? Die Anzahl ist von Person zu Person unterschiedlich und liegt wahrscheinlich zwischen ein paar Hundert und mehreren Tausend. Stellen Sie sich vor, Sie befinden sich in einer Bibliothek mit 100.000 Büchern. Das ist nur ein winziger Bruchteil aller Bücher, die es auf der Welt gibt. Bei so vielen Büchern erkennen wir, dass es unmöglich ist, alles zu wissen, was jemals aufgeschrieben wurde. Und mit dem Tempo, in dem heutzutage neue wissenschaftliche Artikel erscheinen – mehrere Millionen pro Jahr – ist es auch unmöglich, den Überblick darüber zu behalten, was jedes Jahr zu den bekannten wissenschaftlichen Erkenntnissen hinzugefügt wird. Angesichts all dieses Wissens sollten wir bescheiden werden und erkennen, wie viel wir nicht wissen – und nicht wissen können. Noch bescheidener werden wir, wenn wir erkennen, wie viel noch nicht niedergeschrieben wurde. Es gibt eine unendliche Anzahl von Dingen, die wir als Menschheit noch nicht verstanden haben oder derer wir uns noch gar nicht bewusst geworden sind. Wir können auch sehen, dass es Themen gibt, die für unsere Intelligenz (noch) zu komplex sind und daher (noch) „nicht erkennbar" sind. Es wäre also äußerst klug von uns, zuzugeben, dass wir – als Menschheit, aber sicherlich auch als Individuum – in den meisten Themengebieten immer noch ziemlich unwissend sind.

Auch die Wissenschaft selbst ist eigentlich nicht so einfach zu verstehen. Wir wissen etwa mit Sicherheit, dass eins plus eins zwei ergibt, aber das ist nicht unbedingt die Antwort auf eine der wichtigen Fragen unserer Zeit. Im Allgemeinen gilt: Je sicherer die Wissenschaft sich bei etwas ist, desto unwichtiger ist dies für die großen aktuellen gesellschaftlichen Themen. Beginnen wir mit einem simplen Beispiel. Nehmen wir an, wir wollen untersuchen, ob ein Apfel gesund ist. Gesundheit ist ein unendlich komplexes Phänomen, das durch unser soziales Umfeld, die Umweltverschmutzung, den Lebensstil, unsere Gene usw. beeinflusst wird. Auch der Apfel selbst ist ungeheuer komplex. Der Unterschied zwischen einem in biologischer Landwirtschaft produzierten Apfel oder einem „gewöhnlichen" Apfel führt bereits zu vielen ungelösten Fragen. Wie gehen wir also vor? Analysieren wir den Apfel, um herauszufinden, welche und wie viele Substanzen, die wir für gesund halten (wie etwa Vitamine) er enthält? Oder bitten wir eine Gruppe von Tausenden von Menschen, jeden Tag einen Apfel zu essen und eine andere, ebenso große Gruppe, keine Äpfel zu essen? Und dann, nach einem Jahr untersuchen wir, welche Gruppe gesünder ist? Oder gar erst nach 10 Jahren? Nun ja, über einen so langen Zeitraum können wir einen solchen Test nicht durchführen. Vielleicht sind die Auswirkungen auch erst in der nächsten Generation sichtbar. Es ist also alles andere als trivial, diese Frage zu beantworten. Es gibt viele wissenschaftliche Veröffentlichungen und Forschungsprojekte zum Thema, ob ein Apfel gesund ist oder nicht. Zum Thema Gesundheit gibt es so viele Publikationen, dass einige Forscher überhaupt nur mehr bereits veröffentlichte Daten analysieren, anstatt selbst Experimente durchzuführen. Wenn eine solche sogenannte „Metadatenanalyse“ Äpfel dann für gesund erklärt, hält dies der Wissenschaftler auch für richtig. Dann gibt es da noch das Problem, dass viele Studien nicht ordnungsgemäß durchgeführt wurden und andere Wissenschaftler den Schlussfolgerungen früherer Studien nicht trauen. Aber woher wissen Sie nun, wer die guten Wissenschaftler sind, und wer nicht?

Wir müssen uns auch bewusstmachen, dass ein(e) Wissenschaftler(in) an einer Universität oder einer anderen öffentlichen Forschungsinstitution normalerweise im Rahmen seines/ihres Dienstvertrags wissenschaftliche Arbeiten veröffentlichen *muss,* und dabei gilt: Je erstaunlicher die Ergebnisse, desto besser für die Karriere. Wenn zum Beispiel ein Wissenschaftler behauptet, Äpfel seien nicht gesund und die Menschen darum weniger Äpfel essen, was dann dazu führt, dass Apfelbauern bankrottgehen, hat dies keine Konsequenzen für die Karriere des Wissenschaftlers. Auch wenn andere Wissenschaftler später nachweisen, dass Äpfel gesund sind. Die Gesellschaft ist also anfällig für die Ergebnisse der Wissenschaft, aber nicht oder kaum umgekehrt.

Wir gehen davon aus, dass Wissenschaftler objektiv sind und kein Eigeninteresse an den Ergebnissen ihrer Studien haben. Wenn die wissenschaftliche Studie nun aber zum Beispiel von den Apfelbauern bezahlt wurde, kann man dann den Ergebnissen trotzdem noch trauen? Vor allem, wenn das Fazit lautet, mehr Äpfel zu essen? Bei der Entscheidung, ob Medikamente sicher sind, geht beispielsweise öfter etwas schief, so etwa bei DES, das zu Geburtsfehlern führte, oder bei dem entzündungshemmenden Medikament

VIOXX, das Herzprobleme verursachte. Es ist klar, dass die wissenschaftlichen Studien hier durch das Geld der großen Pharmakonzerne beeinflusst wurden. Konnten diese Wissenschaftler die Frage mit den zur Verfügung stehenden wissenschaftlichen Methoden beantworten? Und waren sie vertrauenswürdig, oder zogen sie Nutzen aus den falschen Ergebnissen ihrer Forschung? Die Forschung an Universitäten konzentriert sich auf Themen, die von der Industrie unterstützt werden. Die Industrie ist vor allem an Innovationen interessiert, mit denen sie Geld verdienen kann. Dies ist auch der Fall, wenn diese Innovationen nicht notwendigerweise die beste Lösung für ein Problem sind, wie beispielsweise die Behauptung, eine teure (Vitamin-)Pille sei besser als ein billiger Apfel.

Selbst wenn Wissenschaftler völlig integer sind, haben sie ihre eigene Denkweise, welche die Forschungsergebnisse mitbestimmt. Woher kommen die Forschungsfragen denn? Die Annahmen, die die Grundlage für die Fragestellungen bilden, sind dem Forscher selbst oft nicht klar. Und obwohl all diese Überlegungen den Wert der Wissenschaft deutlich relativieren, erwarten wir zunehmend, dass die Wissenschaft Antworten auf die großen Fragen der Menschheit liefert und damit auch – zusammen mit den aus ihr resultierenden technologischen Weiterentwicklungen – die Lösung für die Biodiversitäts- und Wasserkrise finden wird.

Alles ist in einer unendlichen Abfolge von Ursache und Wirkung miteinander verbunden. Manchmal können wir Teile davon sehen, zum Beispiel, wenn wir eine Nahrungskette in der Natur beschreiben. Fleischfresser fressen Pflanzenfresser oder Insektenfresser. Insekten fressen Pflanzen. Die Pflanzen verwerten die Exkremente der Tiere, diese müssen aber zuvor von Bakterien und Pilzen verdaut werden. Es gibt Hunderte Arten von Fleischfressern, Tausende von Insekten und Millionen von Bakterien. Eine Nahrungskette zeigt aber nur auf, wer hier wen (fr)isst. Wir betrachten weder die Einflüsse von Sonne und Mond auf Meeresströmungen, die sich auf Lebensräume auswirken können, noch die Wirkung von Mineralien auf alle Arten von Pflanzen, usw. Ein Beispiel: In den siebziger Jahren des letzten Jahrhunderts nahm die Zahl der Raubvögel in den Niederlanden plötzlich drastisch ab. Es stellte sich bald heraus, dass dies darauf zurückzuführen war, dass ihre Eier zu dünne Schalen hatten. Das wiederum konnte man schlussendlich auf toxische Substanzen zurückführen, welche von der Industrie in den Botlek (ein Hafen- und Industriegebiet in Rotterdam) eingeleitet wurden. Durch die Nahrungskette weitergereicht, verursachte dieses Gift letztendlich das Raubvogelsterben. War das wissenschaftlich vorhersehbar?

Die große Frage ist nun, ob wir glauben, dass die Wissenschaft in der Lage ist, die unendlichen Varianten von Ursache und Wirkung vollständig zu beschreiben, um vorhersagen zu können, welche Konsequenzen all unsere Handlungen oder Pläne haben werden. Dafür müssen alle Verbindungen auf einfache Beschreibungen reduziert werden. Die Wissenschaft erweckt gerne den Anschein, als ob dies schon der Fall wäre. Ich glaube nicht, dass die Wissenschaft die unendlichen Varianten von Ursache und Wirkung durchschauen kann. Eine weisere Annahme wäre hier: Die Abfolge von

Ursache und Wirkung in der Natur ist nicht komplexer als wir denken, sondern komplexer als wir es uns überhaupt denken *können*. Nehmen Sie zum Beispiel die großen Geheimnisse des Lebens. Es gibt unzweifelhaft Geheimnisse, die von der Wissenschaft nicht gelöst werden können, trotz der Behauptung von Wissenschaftlern, dass letztendlich *alles* erklärbar ist. Ich bezweifle sehr, dass die Wissenschaft jemals allwissend werden wird, und denke daher, dass die Wissenschaft in ihren Aussagen bescheidener werden sollte. Lassen Sie uns dies anhand zweier Phänomene genauer untersuchen, nämlich dem Ursprung der Materie und dem Ursprung des Lebens. Dabei möchte ich zwischen zwei Arten von Phänomenen unterscheiden: Erstens gibt es Phänomene, die (meiner Meinung nach) niemals begriffen werden können und für immer ein Rätsel bleiben werden, und zweitens solche, die man derzeit nicht versteht, die aber möglicherweise, auch wenn es heutzutage auch noch unvorstellbar scheint, eines Tages begriffen werden können.

Ursprung der Materie

„... und plötzlich bildete sich aus heiterem Himmel die gesamte Materie, die das gesamte Universum ausmacht.“ Die gängige wissenschaftliche Hypothese besagt, dass vor etwa 13 bis 14 Milliarden Jahren – plötzlich und aus dem Nichts – ein sogenannter Urknall stattfand. Dies war der Moment, in dem schlagartig aus dem Nichts *etwas* entstand. Und dieses *Etwas* war die gesamte Materie des Universums, zuerst in Form von Wasserstoffatomen, und später in Form aller Elemente. Daraus entstanden in der Folge Moleküle sowie auch Sterne und Planeten. Es dauerte nicht weniger als zehn Milliarden Jahre, bis die Erde entstand. Es gibt Milliarden Sterne im Universum. Nicht nur das Material, um all diese Sterne zu formen, sondern auch die Informationen, die unser aktuelles Universum ausmachen, waren im Urknall „gespeichert“, zum Beispiel alle Naturgesetze und fundamentalen Naturkonstanten wie z.B. die Masse eines Protons. Wären diese Parameter nur um ein paar Prozent größer oder kleiner gewesen, könnte es keine Sterne geben. Wir gehen auch davon aus, dass zu diesem Zeitpunkt die Zeit begonnen hat. Zeit und Raum sind ja bekanntlich miteinander verbunden. Wir können nicht über das Universum hinausblicken und das bedeutet, dass wir auch nicht weiter zurückblicken können als bis zu dem Zeitpunkt, seit dem das Universum existiert. Wir wissen auch, dass das Universum stets größer wird, aber wir wissen nicht, in welchen „Raum“ das Universum hineinexpandiert.

Es ist allgemein bekannt, dass es unmöglich ist, Informationen über die Zeit vor und während des Urknalls zu erhalten, und dass die Frage, woher die Materie kommt, darum auch nicht beantwortet werden kann. Dies können wir als Rätsel einstufen. Trotzdem halten einige Wissenschaftler an ihrem Glauben fest, dass sie letztendlich eine logische Erklärung dafür finden können. Streng genommen ist das jedoch unwissenschaftlich. Diese Wissenschaftler *glauben* an die Wissenschaft. Ein Versuch einer solchen Erklärung ist etwa die String-Theorie, die behauptet, dass es mehrere Universen gibt und dass es daher kein Zufall ist, dass unser Universum genau die richtigen Naturkonstanten hat, die für die Entwicklung der richtigen Elemente und für die Entwicklung von Sternen und Planeten erforderlich sind – für alle Bedingungen also, die letztendlich das Leben ermöglichen. Damit diese Theorie funktioniert, sind jedoch nicht weniger als 10 hoch 500 (eine Eins mit fünfhundert (!) Nullen) verschiedene Universen erforderlich. Wie ich bereits sagte: das ist ein *Glaube*.

Ein weiterer interessanter Punkt ist, dass ein großer Teil des Ansehens, das die Wissenschaft genießt, durch die *Beschreibung* der Naturgesetze gewonnen wurde, wobei in der Regel jene mathematische Formel, die ein natürliches Phänomen am besten und einfachsten beschreibt, die vorherige Formel ablöst. Ein aktuelles Beispiel ist die Theorie von Erik Verlinde, die die Schwerkraft mit der Informationsdichte erklärt, anstelle der Theorie von Newton, die dies anhand der Masse tut. Kann Verlinde die Wissenschaftskollegen von seiner Theorie überzeugen, so wird die alte Lehrmeinung Newtons durch die neuere von Verlinde ersetzt werden. Noch mehr Respekt erlangen Wissenschaftler, die mit ihren Theorien Dinge vorhersagen, die noch nicht bekannt sind oder noch nicht gemessen wurden. Ein bekanntes Beispiel ist Albert Einsteins Vorhersage, dass die Ablenkung des Sonnenlichtes durch die Gravitation zwischen 1,5 und 2 Grad liegen muss. Als es möglich wurde, die Messungen durchzuführen, lag der gemessene Wert bei 1,75 Grad – also genau in der Mitte des von Einstein angegebenen Bereichs. Alle Zeitungen waren damals voll mit Artikeln zu diesem Thema. Auch um die Entdeckung des Neptuns rankt sich eine solche Geschichte. Aus den Berechnungen zur Umlaufbahn des Uranus des französischen Mathematikers Urbain Le Verrier konnte der Standort des Neptuns vorhergesagt werden. Auch in der Chemie gibt es ein berühmtes Beispiel: Mendeljev entwickelte bekanntlich das Periodensystem der Elemente, in dem jedem Element ein logischer Platz zugeordnet werden kann. Anfangs gab es viele freie Plätze in diesem System; Plätze für Elemente, die zu dem Zeitpunkt noch nicht bekannt waren. Auf diese Weise sagte er dutzende Elemente voraus, die erst viel später entdeckt wurden.

Ich denke, der gute Ruf der Wissenschaft wird – meiner Meinung nach zu Unrecht – auch dadurch vergrößert, dass wir immer öfter in der Zeitung lesen, dass die Wissenschaft die *Ursache* für etwas gefunden hat (zum Beispiel für die Schwerkraft), wobei eigentlich nur gemeint ist, dass wir das Phänomen *beschreiben* können. Nehmen wir zum Beispiel eine Vorhersage aus der Quantentheorie, die jetzt bewiesen werden kann: Wir können jetzt zeigen, dass Teilchen „bilokal" sind. Zwei Teilchen in einem größeren (bis unendlich großen) Abstand zeigen die gleichen Charakteristiken, unabhängig davon, wie weit wir sie voneinander entfernen. Wir können es beweisen, wir können es beschreiben und wir glauben sogar, dass wir damit einen Computer (den Quantencomputer) bauen können, aber wirklich erklären können wir es nicht. Es ist für uns völlig unverständlich. Wir neigen dazu, in „Ursache" und „Wirkung" zu denken, wobei die „Ursache" immer an erster Stelle stehen muss. Bei der Bilokation ist dies nicht mehr möglich. Derart verschränkte Teilchen verändern sich immer *zugleich* (auf jeden Fall ist die zwischen ihnen stattfindende Wechselwirkung deutlich schneller als Licht). Darum sollten wir uns fragen, ob ein Denken in den Kategorien wie „Ursache" und „Wirkung" der richtige Ansatz ist, um unsere Realität zu verstehen. Gleiches gilt für kosmologische Modelle, bei denen wir der Einfachheit halber davon ausgehen, dass 96% des Universums aus dunkler Energie und dunkler Materie bestehen. Wir haben jedoch noch keine Ahnung, wie man diese dunkle Materie messen oder nachweisen kann. Nach diesem Modell sind uns nur 4% unseres Universums bekannt. Ein durchschnittlicher Zeitungsleser würde kaum glauben, dass unsere intelligenten Physiker diese 4% „alles" nennen.

Nicht zuletzt ist da auch noch die rätselhafte Entwicklung der Elemente. Alles entstand aus Wasserstoff, und alle Elemente bestehen aus Protonen, Elektronen und Neutronen. Wir können jedoch nicht erklären, warum die eine Kombination dieser Kernteilchen Chlor erzeugt, das grün und stark ätzend ist, während eine etwas andere Kombination dieser Teilchen Schwefel erzeugt, der gelb ist. Woher stammen all diese molekularen Informationen? Es bleibt zu hoffen, dass Teilchen wie Gluonen und Quarks, aus welchen wiederum Kernteilchen bestehen, mehr Licht auf diese Unklarheiten werfen können. Hiermit lässt sich jedoch das *Verhalten* der Kernteilchen nicht erklären. Wir müssen weitersuchen. Eines der neuesten Teilchen, das im Large Hadron Collider in CERN nachgewiesen wurde, ist das berühmte *Higgs*-Teilchen. Der Teilchenbeschleuniger misst nicht weniger als 27 km Länge, und das Experiment hat mehr als 10 Milliarden Euro gekostet. Wurden damit alle Fragen beantwortet? Nein, das wurden sie nicht. Wie so oft in der Wissenschaft entstehen aus neuen Antworten wiederum neue Fragen. Wie etwa: Besteht das Higgs-Teilchen wiederum aus kleineren Teilchen, die möglicherweise die Eigenschaften des Higgs-Teilchens beschreiben können? Für diese Experimente werden größere Teilchenbeschleuniger benötigt, die astronomische Summen kosten und unvorstellbar große Energiemengen erfordern. Aber auch diese kleineren Teilchen sind wiederum aus etwas aufgebaut. Ist es denkbar, dass wir jemals die wirklich kleinsten Teilchen finden werden, und können wir uns diese Experimente überhaupt leisten?

Ursprung des Lebens

Das zweite Phänomen, das ich hier gerne ansprechen möchte, ist der Ursprung des Lebens. Immer wenn man ein neues Fossil entdeckt, wird behauptet, dass wir dem Ursprung des Lebens einen Schritt nähergekommen sind. Das ist nicht richtig. Soweit wir wissen, entstand das Leben nur ein einziges Mal: vor etwa 3,5 Milliarden Jahren in Australien. Wie dies geschah, ist bislang ein Rätsel. Einige Wissenschaftler glauben, dass so etwas von selbst geschehen kann. Die Theorien sprechen von einer Ursuppe, in der organische Strukturen spontan unter extremen Umständen entstehen und lebendig werden. Wenn so etwas aus heiterem Himmel passieren kann, hätte es an mehr Orten und zu mehreren Zeitpunkten passieren müssen, aber dafür konnten wir bisher keine Beweise finden. Selbst mit all unseren derzeitigen technischen Mitteln können wir kein Leben erzeugen, oder zumindest diese Ursuppe einigermaßen reproduzieren. Gentechnische Methoden können wir nur bei lebenden Organismen anwenden. Wir können etwas, das nicht lebt, kein Leben einhauchen. Mit der Entstehung des Lebens muss also gleichzeitig sehr viel Information entstanden sein. Diese (bereits sehr komplizierten) genetischen Informationen der einfachsten und ältesten Lebensarten sind heute noch in allen Lebensformen zu finden.

Darwins Theorie wird oft als Theorie über den Ursprung des Lebens missverstanden. Sein *Überleben des Stärkeren* beschreibt jedoch die *Evolution*, er beschreibt wie Einzeller, Pflanzen und Tiere immer komplexer werden, aber er schreibt nichts über den Ursprung des Lebens. Wir haben kaum Möglichkeiten, den Ursprung des Lebens zu untersuchen. Es gibt keine Teilchenbeschleuniger, die hierbei helfen könnten. Die Forschung in diesem Gebiet dreht sich hauptsächlich um DNA-Moleküle und um die Vererbung. Die Geschwindigkeit, mit der wir DNA- Moleküle „lesen" können, steigt exponentiell, während die Kosten dafür immer weiter sinken. Das *Human Genome Project* hat die menschliche DNA entschlüsselt. Die Hypothese besagt, dass alles, was ein Lebewesen ausmacht, auf die in diesem Organismus vorhandene DNA zurückgeführt werden kann. Würde ich also Ihre DNA kennen, würde ich Sie kennen. Das stimmt so nicht. Die DNA von Menschen und Schimpansen unterscheidet sich nur in 2% der Sequenzen, während sich jedoch das Erscheinungsbild und das Verhalten dieser beiden Spezies deutlich voneinander unterscheidet. Die in der DNA enthaltene Information ist hauptsächlich für die Herstellung chemischer Produkte und die Steuerung von Prozessen im Organismus verantwortlich. Wo die Information, welche die Unterschiede zwischen den einzelnen Pflanzen, Tieren und Menschen verursacht, wirklich herstammt, bleibt unklar.

Zusammenfassend ist also zu sagen, dass sowohl die Erklärung für die Entstehung der Materie inklusive aller Naturkonstanten als auch die Entschlüsselung der Entstehung des Lebens inklusive des Codes für die erste DNA, unerreichbare Ziele für die Wissenschaft darstellen. Im Moment müssen alle Hinweise darauf, dass Antworten auf diese großen Fragen doch denkbar sind, in den Bereich des Glaubens verwiesen werden. Das ist vergleichbar mit dem religiösen Glauben an einen Schöpfer. Hingegen ist es wohl möglich – auch wenn es im Moment noch unvorstellbar ist – dass wir den Aufbau der Materie (irgendwann) einmal völlig verstehen werden, oder auch die Information, welche die Summe eines Organismus ausmacht, entschlüsseln können.

Grenzen der Machbarkeit

Als Kind der sechziger Jahre habe ich immer gedacht, dass alle nützlichen und guten Dinge erst nach dem Zweiten Weltkrieg erfunden wurden. In meiner Kindheit kam eine Technologie nach der anderen zu uns ins Haus – Farbfernseher, Kunststoffe, Tonbandgerät, etc. In meinen kindlichen Augen schien es, als ob das Leben davor erbärmlich gewesen sein muss. Das ergibt Sinn, weil alles Neue auf sich aufmerksam macht und im Fernsehen und in den Zeitungen beworben wird, während das Alte das nicht tut. Jetzt weiß ich natürlich, dass es Dinge wie z.B. Elektrizität und Züge schon viel länger gibt und auch, dass viele der Durchbrüche in Physik und Chemie bereits vor dem Krieg stattfanden, wie etwa die Herstellung von Stickstoffdünger aus der Luft. Und es ist auch klar, dass fast alle unserer täglichen Gebrauchsgegenstände wie Töpfe, Pfannen, Besteck, Schuhe und Kleidung seit Tausenden von Jahren die gleichen sind, nur das Material, aus dem sie bestehen, hat sich möglicherweise verändert. Der Hang zum Modernen, zum Neuen, scheint nicht nur auf mich beschränkt zu sein. Er hat anscheinend uns alle überkommen zu haben, mit dem Ergebnis, dass wir nicht nur denken, dass das Moderne besser ist als das Alte, sondern auch, dass Wissenschaft und Technologie alle unsere Probleme lösen können. Das kann irreführend sein.

Unsere technologischen Möglichkeiten haben uns auf die Idee gebracht, dass alles machbar ist. Trotzdem können wir

Katastrophen wie Erdbeben immer noch nicht vorhersagen. Durch das Äußern anderslautender Feststellungen, die häufig beruhigend sein sollen, sind schon Menschen in ernsthafte Schwierigkeiten geraten. So gab es zum Beispiel eine Klage gegen sieben italienische Wissenschaftler, die kurz vor einem Erdbeben vorhergesagt hatten, dass es keine unmittelbare Erdbebengefahr gäbe. Sie wurden wegen Totschlags verurteilt, weil sie die Einwohner der Stadt L›Aquila 2009 nicht ausreichend vor einem verheerenden Erdbeben gewarnt hatten. Die sieben Wissenschaftler, alle Mitglieder des *Large Risk Komitee*, wurden zu jeweils sechs Jahren Gefängnis verurteilt. Dieses Urteil war einzigartig, und die ganze Welt protestierte. Letztendlich wurden die Wissenschaftler in einem Berufungsverfahren freigesprochen. Ein anderes Beispiel: Unsere Wirtschafts- und Finanzwissenschaftler sind immer noch nicht im Stande, eine Wirtschaftskrise vorherzusagen. Aussagen namhafter Ökonomen Anfang 2008 haben viele Menschen fälschlicherweise beruhigt und deshalb waren sie nicht auf die Wirtschaftskrise vorbereitet. Außerdem können wir auch die Mehrzahl aller Krankheiten noch nicht heilen. Viele Menschen glauben jedoch, dass im Krankenhaus beinahe alles „repariert" werden kann. Das kann sehr ernüchternd für sie enden.

Neue Technologien können sich auch als schädlich herausstellen. Kunststoffverpackungen und Kunststoffbekleidung, führen zur Entstehung einer Plastiksuppe in den Ozeanen, in der enorme Ansammlungen von Plastikabfällen das Meeresleben nachteilig beeinflussen. Je komplexer das Problem ist, desto schwieriger wird es, die schädlichen Auswirkungen unseres Handelns vorherzusagen. Unsere Gesundheit und unsere natürliche Umgebung sind zwei derart komplexe Probleme. In seinem Buch *Antifragil* beschreibt Nassim Nicholas Taleb beispielsweise die schädlichen Auswirkungen des medizinischen Sektors auf die Gesundheit. Jeder medizinische Eingriff kann auch negative Auswirkungen haben, und diese Auswirkungen sind nicht linear. Kleinere Eingriffe können fatale Folgen haben. So sterben z.B. in den Niederlanden viel mehr Menschen an medizinischen Fehlern als an Verkehrsunfällen. Deshalb empfiehlt uns Taleb, nur bei lebensbedrohlichen Krankheiten und Unfällen ärztliche Hilfe in Anspruch zu nehmen. Ein wichtiger Effekt der heutigen Medizin ist, dass wir alle ein paar Jahre länger leben, aber der Preis dafür ist, dass wir alle weniger gesund sind. Angesichts der Zahl von sieben Millionen chronisch kranken Menschen bei insgesamt siebzehn Millionen Niederländern scheint er recht zu haben. Allein in den Niederlanden gibt es vier Millionen Menschen, die Blutdrucksenkende Mittel einnehmen, 1,5 Millionen Menschen benötigen Tabletten zur Regulation ihres Cholesterinspiegels, eine Millionen Menschen verwenden Medikamente gegen Lungenkrankheiten und eine Million Menschen leiden an Typ-2-Diabetes. Die sogenannte gesunde Lebenserwartung, also jene Zeit von unserer Geburt bis zu einer (ernsthaften) Erkrankung, nimmt ab (der Zeitraum liegt unter fünfzig Jahren), während die Lebenserwartung bis zu unserem Tod steigt (über achtzig Jahre). Es ist also nicht nur positiv, was die Wissenschaft uns hier anzubieten hat. Die Tatsache, dass wir gesunde Lebenszeit opfern, findet, beeinflusst durch die Berichterstattung zugunsten neuer medizinischer Durchbrüche, kaum Beachtung. Taleb definiert den Begriff „antifragil" als das Gegenteil von fragil (verwundbar). Alle

Dinge und Gewohnheiten, die es schon sehr lange gibt, sind antifragil, weil sie viele Schocks und Veränderungen überlebt haben. Je älter etwas wird, desto mehr Respekt verdient es. Taleb stellt die Volksweisheit über die Wissenschaft. Seiner Meinung nach sollten wir zum Beispiel jeden Tag einen Spaziergang machen, denn das ist es, was die Menschen seit jeher getan haben, bis wir vor etwa drei Generationen im Westen damit fast gänzlich aufhörten, zunächst wegen des Einsatzes von Pferden und später wegen unserer Autos. Seiner Meinung nach kann das nicht gesund sein. Das klingt logisch.

Die seit Milliarden von Jahren bestehende Natur muss sich nicht beweisen. Die „unnatürlichen" Dinge hingegen, die wir Menschen in Bezug auf Ökologie, Landwirtschaft, Ernährung, Gesundheit und Gesundheitswesen einsetzen, müssen das sehr wohl. Das kurzfristige Ausbleiben schädlicher Folgen sagt nichts aus über langfristige Auswirkungen. Je größer der Effekt einer neuen Technologie ist, umso vorsichtiger müssen wir damit umgehen. Bei einer Atomkatastrophe werden beispielsweise alle mit dieser Technologie jemals erzielten Gewinne auf einmal null und nichtig. Die Kosten zur Eindämmung der Folgen von Tschernobyl und Fukushima belaufen sich auf Milliarden. Auch Auswirkungen von Entwicklungen wie gentechnisch veränderten Pflanzen sollten langfristig beurteilt werden, bevor sie in großem Umfang angewendet werden. Auf diese Weise werden die Folgen der *Grünen Revolution* langsam klar. Die modernen Getreidesorten sind auf Stickstoffdünger angewiesen, der mit fossilen Brennstoffen hergestellt werden muss und die Biodiversität des Bodens beeinträchtigt. Dies macht die Pflanzen anfälliger für Krankheiten, und sie können weniger Nährstoffe aus dem Boden aufnehmen, wodurch sie selbst auch weniger nahrhaft sind. Solche Getreidesorten benötigen auch viel mehr Wasser. Dan Barber, ein New Yorker Chefkoch, der für seine nachhaltige Küche bekannt ist, beschreibt in seinem Buch, wie die in Indien während der Grünen Revolution entwickelten Weizensorten eindeutig mit der Wasserkrise zusammenhängen. Sie produzieren 40% mehr Weizen pro Hektar, brauchen aber 300% mehr Wasser. Die Umstellung auf modernes Getreide hat auch dazu geführt, dass weniger Hafer und Gerste auf der Speisekarte stehen. Dies war anscheinend ein sich selbst verstärkender Effekt: Je mehr Getreide, desto weniger Hafer und Gerste. Die Kombination von Hafer, Gerste und Weizen ist jedoch gesünder als nur Weizen alleine. Auch der Anbau einer Kombination aus Hafer, Gerste und Weizen ist für die Umwelt und den Boden besser und führt überdies zu einem höheren Ernteertrag. Das kurzfristige Ausbleiben schädlicher Wirkungen ist daher keine Garantie für die Vermeidung langfristiger Probleme. Die Mennoniten in den USA behaupten als Faustregel, dass die Erziehung eines Kindes 100 Jahre vor seiner Geburt beginnt. Dies bedeutet, dass die Kultur, die Umwelt und die Umgebung, in die ein Kind hineingeboren wird, bereits vor Generationen geformt wurden. Ein solches Vorsorgeprinzip ist etwas, das in unserer modernen Welt scheinbar nicht mehr vorhanden ist.

Die optimistische Sicht, dass Wissenschaft und Technologie alle Probleme lösen werden, sollte daher relativiert werden. Bis jetzt wird darüber ja noch diskutiert. Trotz des Einsatzes vieler wissenschaftlicher und technologischer

Lösungen sinkt die Biodiversität weiterhin, und auch unsere Wasserversorgung hat sich verschlechtert. Die moderne großflächige Landwirtschaft hat diese Probleme eher verschärft als reduziert. Mit großen Daten- und Quantencomputern können wir auch kein Wasser herbeizaubern. Essentiell ist es, die unglaubliche Komplexität der Natur nicht aus den Augen zu verlieren, da wir dazu neigen, diese in kleine, für uns intellektuell verdaubare Stückchen zu zerteilen.

Auch durch Wissenschaft und Technik können Pech und Unfälle nicht ausgeschlossen werden. Der Zufall kann jederzeit und überall zuschlagen. Ein Verkehrsunfall, ein Terroranschlag, ein Pilot, der während des Fluges Selbstmord verübt, eine tödliche Krankheit, ein Dachziegel, der vom Dach geweht wird: Wir können mit aller Macht versuchen, alles zu kontrollieren, es wird uns aber niemals gelingen. Wir müssen lernen, den Zufall zu respektieren. Das bedeutet zugleich weniger Angst vor dem zu haben, was uns passieren könnte, und auch etwas dankbarer zu sein für alles, was in unserem Leben gut läuft.

Der Platz der Wissenschaft: Ich, Wir und Es

Viele Philosophen betrachten unsere Welt als mehr als nur die objektive Wahrheit der Wissenschaft. In dieser Hinsicht unterscheiden sie oft drei Segmente. Ken Wilber zum Beispiel unterscheidet zwischen Bewusstsein (*Ich*), Kultur (*Wir*) und Wissenschaft (*Es*). Die Realität lässt sich dabei besser mit einer Mischung der drei Segmente beschreiben, als mit dem

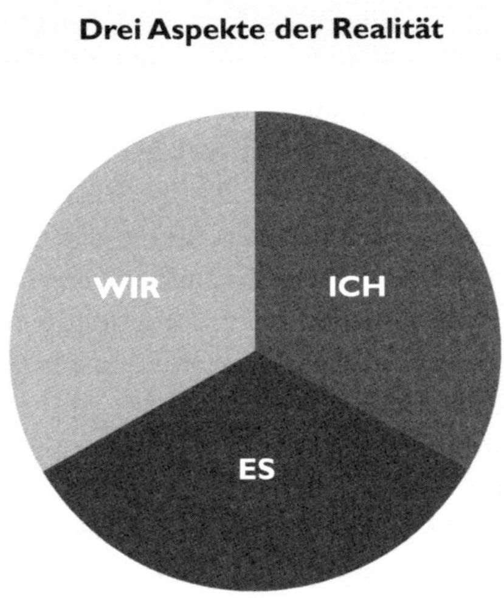

Die Realität kann in drei Segmente unterteilt werden: das objektive Es, das subjektive Ich und unsere kommunalen Werte (Wir)

Es der Wissenschaft allein, wie es die Tendenz unserer heutigen Gesellschaft ist. Viele Philosophen haben diese Klassifikation schon früher benutzt, von Plato (vor Christus) bis Habermas (im 20. Jahrhundert).

Das *Ich*-Segment handelt von unserem inneren Selbst. Wir können nur über unser inneres Selbst sprechen, wenn wir die *Ich*-Sprache verwenden. Hier geht es um Bewusstsein, Subjektivität und persönlichen Geschmack. Wenn wir hier über die Wahrheit sprechen, sprechen wir in der Tat von einer subjektiven Wahrheit und von Aufrichtigkeit. Zum Beispiel kann jemand bewusst lügen, aber jemand kann durch verdrängte oder verzerrte innere Erfahrungen auch unbewusst lügen. Aufrichtigkeit verlangt von uns nicht nur, bewusst ehrlich zu sein, sondern auch, nach den verdrängten Wahrheiten in uns zu suchen. Auch die Bewusstseinserweiterung fällt in dieses Segment.

Das *Wir* -Segment handelt von unserer Kultur, dem spirituellen Raum, den wir als Individuen teilen. Unsere Kultur verleiht unseren Ideen einen Sinn und gibt uns grundsätzlich die Vorstellung, selbst mitdenken zu können. Das Bewusstsein einer Kultur kann als Durchschnitt des individuellen Bewusstseins seiner Mitglieder betrachtet werden. Unsere Kultur gibt uns die Werte vor, die wir anstreben wollen, aber auch die Regeln, an die wir uns halten wollen, beispielsweise das verpflichtende Verwenden von Sicherheitsgurten beim Autofahren. Wenn wir über die Wahrheit sprechen, geht es in diesem Segment hauptsächlich darum, was gut und was richtig ist.

Das *Es*-Segment umfasst alles, was wir mit *Es* beschreiben können, d.h. alle Technologie- und Naturwissenschaften, alle techno-ökonomischen Systeme wie Kapitalismus oder Kommunismus, die Industriegesellschaft, die Informationsgesellschaft usw. Innerhalb einer Organisation beschreibt *Es* auch die Abläufe und die Organisationsstruktur. Wenn wir hier über Wahrheit sprechen, beziehen wir uns auf die Tatsachenwahrheit, die Wahrheit, die objektiv nachprüfbar ist. In unserer westlichen Gesellschaft ist das *Es*-Segment mit Abstand das dominanteste.

Wenn jemand depressiv ist, sucht das *Es*-Segment nach einer wissenschaftlichen Lösung und bemüht sich auf materieller Ebene um eine Erklärung, zum Beispiel durch Gehirnscans, und behandelt wird daher mit Medikamenten oder mit Elektroschocks. Der Ansatz im *Ich*-Segment würde Psychotherapie umfassen und versuchen, die Depression durch Beratung und Befragung zu behandeln und den Patienten nach seiner oder ihrer Perspektive zu fragen, ohne Messgeräte zu verwenden. Auf diese Weise könnte zum Beispiel Einsamkeit als die Ursache der Depression erkannt werden. Aus dem *Wir*-Segment könnte die Lösung durch die Art und Weise motiviert werden, wie Menschen in der Nachbarschaft, in der der Patient lebt, miteinander umgehen. Durch die Schaffung eines Umfeldes, in dem Menschen Kontakte knüpfen und sich gegenseitig unterstützen, könnte so auch die Einsamkeit der Bewohner verringert werden.

Wissenschaftliche Visionen haben in unserer heutigen Gesellschaft große Bewunderung und Ansehen erlangt. Sie beeinflussen die Ideen, die die Grundlagen für unser Denken bilden. Wir können nicht ohne Ideen leben, die unser Handeln und Denken bestimmen. Unsere Ideen ermöglichen es uns, eine Sache zu tun und auf andere zu verzichten. Ideen aus der Wissenschaft, die wir von Kindheit an gehört haben und unser Denken und Handeln beeinflussen, werden beispielsweise von Schumacher erwähnt:

- Die Idee des Wettbewerbs und der natürlichen Auslese, wo das „Höhere“ ständig aus dem „Niedrigeren“ entsteht und wo das Stärkste oder das am besten Angepasste weiterbesteht. In dieser Hinsicht ist der Wettbewerb also gut; Kriege können die Gesellschaft stärken und die Schwachen müssen für sich selber sorgen.

- Die Idee des Positivismus, die besagt, dass alle wertvollen Erkenntnisse nur aus den Naturwissenschaften gewonnen werden können. Diese Idee bestreitet jede Möglichkeit des Wissens über Sinn und Zweck des Lebens. Aus dieser Perspektive ist der Mensch nur ein Zufallsprodukt, ohne wirklichen Zweck auf dieser Erde.

- Die Ideen von Marx, die alle höheren Manifestationen des menschlichen Lebens wie Religion, Philosophie und Kunst als Hirngespinste der Menschen bezeichnen, welche somit nur den wirtschaftlichen Interessen dienen; oder die Ideen von Freud, welche die höheren Manifestationen tatsächlich auf die dunklen Regungen unseres Unterbewusstseins zurückführen.

- Der Einfluss dieser Ideen in unserer modernen Welt ist beträchtlich. Sie sind jedoch nicht das Ergebnis sachlicher Forschung. Sie können nicht überprüft werden. Sie sind ein großer Sprung in der Vorstellung, mit einem starken Anspruch auf Allgemeingültigkeit. Diese Ideen sind in unseren Köpfen fixiert. Alle diese Ideen haben gemein, dass sie Angelegenheiten höherer Ordnung betreffen, aber in Wirklichkeit nichts anderes als eine Manifestation des Niederen sind. Tatsächlich wird der Unterschied zwischen höher und niedriger überhaupt geleugnet. Wir neigen immer mehr dazu, die Welt mit Hilfe dieser Ideen zu interpretieren, was uns blind macht für die Unterschiede in den Ebenen des Bewusstseins oder den Bedeutungsgraden. Infolgedessen ist der Begriff des „Bewusstseins" in unserer Welt unsichtbar geworden, und die Einsicht in das Bewusstsein spielt bei unseren derzeitigen Bemühungen zur Lösung der wichtigsten Umweltprobleme – wie z. B. der Wasserkrise – eine zu geringe Rolle. Im folgenden Kapitel werden wir uns daher mit diesem unsichtbaren Bewusstsein beschäftigen.

4

Viele Menschen wurden in der Vergangenheit gefragt: „Können Sie nachweisen, dass Trans-Fette schädlich sind?" Dadurch wurden sie dazu gezwungen, einen Beweis hervorzuzaubern – was sie natürlich nicht konnten, weil es Jahrzehnte dauerte, bis die Schädlichkeit solcher Fette nachgewiesen werden konnte. Derartige Fragen werden oft von intelligenten Menschen gestellt. Wenn wir, die derzeitigen Bewohner von Mutter Erde, daher etwas tun wollen, das der Natur zuwiderläuft, so liegt es an uns zu beweisen, dass es nicht schädlich ist.

Nassim Nicholas Taleb

Bewusste Innovationsstrategie

Wir sehen, dass wir als Menschheit langsam aber sicher von allerlei Arten sozialer und ökologischer Problemen bedrängt werden. Trotz all unserer Umwelttechnologien und Produktverbesserungen ist die Umweltverschmutzung auf der Erde nie gesunken, sondern hat stattdessen stetig zugenommen.

Wenn es Zeiten gab, zu denen die Umweltbelastung nicht zunahm, dann war dies immer aufgrund einer Wirtschaftskrise der Fall. Wenn wir ein umweltfreundlicheres Auto herstellen, verlieren wir fast sofort den ökologischen Nutzen, den diese Innovation mit sich bringt. Angenommen, wir würden Autos herstellen, die um 90% sauberer sind, aber die Anzahl der Autos würde sich verzehnfachen, so bliebe die Umweltverschmutzung gleich, wie wir es auch wirklich in vielen Städten sehen können. Wenn wir ein Auto um 10% effizienter machen, es dann aber viel luxuriöser ausstatten oder Sicherheitssysteme hinzufügen, wird dieser Gewinn schnell verschwinden. Alle Vorteile, die unsere sparsamen Elektrokühlschränke und LED-Lampen gebracht haben, wurden durch die Herstellung unserer Smartphones bereits in vollem Umfang zunichtegemacht. Viele Menschen wissen kaum, wie viel Energie für Smartphones benötigt wird. Um alle Filme und Fotos in der Cloud zu speichern, sind riesige Datenserver erforderlich. Jedes Mal, wenn wir ein Foto oder einen Film herunterladen, muss es von diesen Servern abgerufen werden. Allein die Rechenzentren der Niederlande (2000 MW Verbrauch) benötigen zwei Kohlekraftwerke oder neun riesige Windparks in der Nordsee (solche befinden sich gerade in Bau) mit einer maximalen Kapazität von jeweils 700 MW (nur 30% der Windkraftanlagenkapazität kann tatsächlich ausgenutzt werden, weil nicht immer Wind geht. Neun Windparks liefern somit durchschnittlich 2100 MW). Daher wird die gesamte neue grüne Energie von Rechenzentren genutzt, die vor 10 Jahren noch nicht existierten. Viele Sendemasten sind auch ständig aktiv, um das Mobilfunknetz, das viel Energie verbraucht, aufrecht zu erhalten. Je schneller unser Netzwerk (3G, 4G, ...) ist, desto mehr Energie wird benötigt. Ein Smartphone verbraucht – Rechenzentren und Sendemasten eingerechnet – fast so viel Energie wie ein durchschnittlicher Haushalt. Wir alle haben hohe Erwartungen an digitale Währungen wie den Bitcoin, bis wir feststellen, dass eine Bitcoin-Transaktion etwa 15 kWh an Strom kostet. Dies entspricht der Energie, die benötigt wird, um 15 Blöcke von einem Kubikmeter Beton sechzig Meter hoch aufzuheben. Trotzdem denken und hoffen viele Menschen, dass wir unsere Umweltprobleme mit Wissenschaft, Technologie und Innovation lösen können, und gleichzeitig ein immer reicheres und luxuriöseres Leben führen können. Die Fakten jedoch zeigen uns, dass wir unsere Meere leerfischen, unsere Urwälder abholzen, fruchtbare Böden zerstören und unsere Wasserressourcen erschöpfen. Es ist wahrscheinlicher, dass das Gegenteil eintreten wird, nämlich, dass die Umweltprobleme unser Wirtschaftswachstum verlangsamen werden. Dies zeigt sich in den Niederlanden bereits in der Tierhaltung, wo die Phosphatverordnungen der Regierung zu einer Verringerung der Anzahl von Kühen geführt haben, die Landwirte halten können. Ein perfektes Beispiel dafür, wie ein Umweltproblem die Milchwirtschaft bremst. Natürlich besteht kein Zweifel daran, dass Wissenschaft, Technologie und Innovation für die Zukunft der Menschheit unerlässlich sind. Die Frage ist nur: Sollen wir den gegenwärtigen Weg fortsetzen, im immer größeren Stil zu leben, immer weiter von der Natur entfernt, zunehmend von großen Unternehmen abhängig, oder gibt es auch einen anderen Weg? Ich möchte hier gerne zwei mögliche Richtungen vergleichen: technokratische Technologie und natürliche Technologie.

Technokratische Technologie

Im vorigen Kapitel habe ich bereits verschiedene Konzepte zur Lösung der von Menschen verursachten Umweltprobleme angesprochen. Die vorherrschende Ansicht ist, dass es wissenschaftlich und technologisch möglich sein muss, die heutigen und zukünftigen Verschmutzungs- und Welterschöpfungsprobleme zu lösen. Eine solche Vision impliziert eine Welt, in der sich eine zunehmend technokratische Gesellschaft mit Spitzentechnologien wie Kernkraftwerken und Ölraffinerien entwickelt. Solche Strukturen können nur von reichen und gut organisierten Ländern erfunden, realisiert und verwaltet werden. Diese Weiterentwicklungen bieten möglicherweise nicht die bestmögliche Lösung für bestimmte Probleme, sondern sind vor allem Technologien, mit denen Geld verdient werden kann.

Zum Beispiel ist Karottensaft für unseren Darm sehr gesund, aber Karottensaft bringt nicht viel Geld auf die Bank, und auch Werbung für Karottensaft im Fernsehen ist kaum vorstellbar. Stattdessen werden teure Milchgetränke mit Probiotika für einen gesunden Darm beworben. Im Vergleich dazu erscheint Karottensaft altmodisch und überholt. Es ist jedoch klar, dass Karottensaft viel billiger ist als Milchprodukte, und die Herstellung von Karottensaft zudem auch viel weniger Wasser erfordert als die Herstellung von Milchgetränken. Insofern wäre es für die Gesellschaft besser, wenn wir statt Milchgetränken Karottensaft trinken würden. Wissenschaftler, welche die Wirkung von Karottensaft auf den Darm untersuchen wollen, können jedoch nicht mit Forschungsgeldern rechnen, da die Finanzierung von Universitäten häufig mit Hilfe der Industrie zustande kommt Die Wirtschaft möchte, dass Milchgetränke beforscht werden, da diese patentiert werden können und damit zusätzliches Geld verdient werden kann. Die Professoren arbeiten also daran, die Wirkung von Milchgetränken auf den Darm zu untersuchen. Auf diese Weise schaffen wir eine Welt, die nach der technologisch herausforderndsten Lösung sucht; eine Welt, in der genau jene Technologien stark gefördert werden, mit denen Geld verdient werden oder ein Markt übernommen werden kann. Unternehmen sind es ihren Aktionären schuldig, ihren Gewinn zu optimieren und müssen dabei nur die Gesetze einhalten. Moralische und ethische Überlegungen dürfen ihnen dabei nicht im Wege stehen.

Alte, resistente Getreidesorten werden beispielsweise durch gentechnisch veränderte Kulturen ersetzt, die kein fruchtbares Saatgut mehr produzieren. Dies bietet eine bessere Kontrolle über die Landwirte, die kein eigenes Saatgut mehr herstellen können und jedes Jahr neues Saatgut kaufen müssen. Auf diese Weise können Unternehmen neue Märkte schaffen und mehr Umsatz erzielen. Einige Unternehmen beschäftigen sich zurzeit etwa mit der Möglichkeit, interplanetare Weltraumreisen zu ermöglichen, zunächst nur für gut zahlende Kunden, jedoch mit dem ultimativen Ziel, in den Weltraum fliehen zu können, wenn das Leben auf der Erde nicht mehr möglich ist. Ein Beispiel dafür ist die Firma Blue Origin von Jeff Bezos, dem Gründer von Amazon.com. Ist es nicht genug, dass wir bereits mit den

Problemen auf der Erde alle Hände voll zu tun haben? Die Idee, dass die Erdbevölkerung fliehen und auf einen anderen Planeten ziehen könnte, ist natürlich Unsinn. Es gibt nicht genug Material und Energie auf der Erde, um genug Raketen zu bauen. Auch die Gewinnung von Rohstoffen von einem anderen Planeten ist nicht vielversprechend. Eine Rakete kann – im Vergleich zu ihren Herstellungskosten und den verwendeten Materialien – nur eine sehr geringe Menge an Rohstoffen transportieren. Dies würde sich also nicht rechnen.

Natürliche Technologie

Viele technokratische Entwicklungen sind riskanter als man denkt. Viele Fabriken, Arzneimittel, biologische Modifikationen usw. erwiesen sich erst in zweiter Linie als äußerst schädlich. Zum Beispiel wurde die Gefahr radioaktiver Strahlung unterschätzt, als Tausende von Soldaten in Nevada nach nuklearen Explosionen in diesem Gebiet trainieren mussten. Wie erwähnt wurden viele Pestizide erst nach dem Bekanntwerden ihrer unerwarteten Auswirkungen auf die Vogelpopulation verboten. Allzu oft erweisen sich von der Wissenschaft als sicher ausgewiesene Produkte als schädlich – und meist liegt dies daran, dass die Komplexität natürlicher Vorgänge unterschätzt wird.

Die Komplexität des menschlichen Körpers sowie überhaupt aller Prozesse in der Natur ist enorm. Wäre es nicht logischer, Technologien zu entwickeln, die für die Natur besser geeignet und mit der Natur austauschbar sind? Die Herausforderung bei diesen Technologien besteht genau darin, die unendliche Komplexität natürlicher Prozesse zu nutzen anstatt der technologisch herausforderndsten. Diese Vision, die ich als „naturbasierte Technologie“ bezeichne, zielt darauf ab, Wissenschaft und Technologie zu nutzen, um gesellschaftliche Probleme zu lösen und die kreativsten Innovationen zu nutzen, die verfügbar sind. Dieser Innovationsprozess wird dann nicht durch das Gewinn- und Kontrollverhalten großer Unternehmen gesteuert. Diese

Unternehmen dürfen sich zwar weiter entwickeln, aber ihre Unterstützung ist keine Vorbedingung mehr, wie es jetzt der Fall ist. Diese natürlichen Innovationen müssen keine technologischen Meisterwerke sein, und die Tatsache, dass sie auch von armen Ländern genutzt werden können, ist ein großer Vorteil. Eine absolute Voraussetzung ist, dass die Technologie nachhaltig ist, also keine Umweltverschmutzung oder Ressourcenverschwendung verursachen darf. Dies erfordert jedoch eine neue Zusammenarbeit und Herangehensweise von den Entwicklern. Wir suchen also nach der gesellschaftlich gesehen besten Lösung, nicht nach der Lösung, die für die Aktionäre den höchsten Gewinn bringt. Der Innovationsprozess sollte daher auch von gemeinnützigen Organisationen und möglicherweise von der Regierung geleitet werden.

Dies erfordert natürlich eine wesentliche Richtungsänderung unserer Innovationsprozesse. So spielt im gegenwärtigen Innovationssystem Lobbyismus eine zentrale Rolle, und viele Dinge muten den Laien etwas seltsam an. Sehen wir uns beispielsweise an, woher der Mist für die niederländische Landwirtschaft stammt. In den Niederlanden müssen 2 Millionen Hektar gemistet werden. Der uns zur Verfügung stehende Mist stammt vor allem aus menschlichem Abfall (oder Klärschlamm), Rinder-, Schweine- und Hühnermist. Wir verwenden auch Kunstdünger aus Fabriken. Im Moment können wir mit unserem Viehmist und dem Klärschlamm der niederländischen Bevölkerung mehr als das Vierfache der für unsere Landwirtschaft benötigten Nährstoffe liefern. Trotzdem sind Kunstdünger in den Niederlanden nicht verboten und werden immer noch verwendet. In der Tat sind die Landwirte gesetzlich dazu gezwungen, Kunstdünger zu verwenden, da sie nur eine bestimmte Menge an tierischem Dünger und überhaupt keinen menschlichen Dünger verwenden dürfen. Menschliche Exkremente (Klärschlamm) und Hühnermist müssen verbrannt werden. Außerdem exportieren wir in großem Umfang Tierdünger. Durch das Verbrennen verliert der Mist seine Nährstoffe, und die verbrannte Asche wird entsorgt. Wäre es nicht logischer, Technologien zu entwickeln, mit denen Nährstoffe aus menschlichem und tierischem Dünger erzeugt werden können? Unser Überschuss könnte dann in Länder exportiert werden, die zu wenig haben. Damit würde auch der Einsatz von Kunstdünger schnell ein Ende haben: Die weltweite Stickstoffdüngerindustrie allein macht bereits 100 Milliarden Euro pro Jahr aus und verbraucht nicht weniger als zwei Prozent aller fossilen Brennstoffe jährlich. Mehr als zwei Drittel des Stickstoffs, der für die Düngung verwendet wird, endet entweder in der Luft oder im Wasser. Dies kann leicht durch die Wiederverwendung von tierischem und menschlichem Dünger verhindert werden – ein perfektes Beispiel für naturbasierte Technologie: Technologie, die sich dadurch auszeichnet, dass sie mit der Natur arbeitet, anstatt sich gegen sie zu stellen.

Zukunftsvisionen basierend auf Technologien

Wasser und Energie

Eine Lösung für den Klimawandel, die auf technokratischer Technologie beruht, wäre z. B. einfach weiterhin Kohle und Öl zu verbrennen, und die CO_2-Emissionen unterirdisch zu speichern. Diese Technologie kostet jedoch viel Energie, und außerdem können weltweit nur zwei Prozent des von uns emittierten CO_2 unterirdisch gespeichert werden. Eine solche Lösung berücksichtigt auch nicht die anhaltende Luftverschmutzung durch die Verbrennung fossiler Brennstoffe, die dadurch zunimmt, dass es wiederum Energie kostet das entstehende CO_2 im Boden zu speichern. Nicht zuletzt verbraucht diese Technologie – zusätzlich zu der Menge Wasser, die bereits für Öl- und Kohlekraftwerke benötigt wird – eine weitere große Menge an Wasser.

Eine andere Alternative ist der Übergang zur Atomenergie, was für viele Menschen nach einer guten Idee klingt. Diese Technologie erfordert jedoch Dampf, der große Mengen an Frischwasser erfordert, die in Zukunft einfach nicht zur Verfügung stehen werden. Wenn wir uns auch noch die Verwüstungen anschauen, die diese Technologie in Tschernobyl und Fukushima verursacht hat, Gebiete, die seither für die Landwirtschaft ungeeignet und für Zehntausende von Jahren unbewohnbar geworden sind, frage ich mich, ob dies der richtige Weg ist. Im Wassersektor wird viel von der Kernfusion erwartet, denn es wird oft gesagt, dass durch die Kernfusion genügend billige Energie zur Verfügung stehen wird, um Meerwasser zu entsalzen. Offen bleibt jedoch die Frage, ob dies helfen wird, denn die landwirtschaftlichen Flächen, die das Wasser am meisten brauchen, sind meist weit vom Meer entfernt.

Die Kosten für den Transport riesiger Wassermengen an solche Orte sind enorm. Häufig wird auch übersehen, dass die Energiekosten für die Entsalzung von Meerwasser nur einen kleinen Teil der Kosten ausmachen. Der Großteil der Kosten entfällt auf die *Hightech*-Installationen. Selbst wenn wir kostenlose Energie erhalten, ist die Meerwasserentsalzung immer noch sehr teuer und kann maximal um 30% billiger werden. Auch die Umwelt setzt dieser Technologie Grenzen. Küstennahe Meeresgebiete werden durch den Einsatz spezieller Chemikalien belastet, welche für die Entsalzung nötig sind. Deshalb verschwindet das Leben auf dem Meeresboden. Die Entsalzung von Meerwasser wird in großem Umfang genutzt, um Städte mit Trinkwasser zu versorgen. Für die Landwirtschaft, etwa für die Bewässerung von Weizen, Reis und Mais, wird diese Technologie jedoch keine Lösung bieten.

Welche Lösungen gibt es, die der Natur näher sind und keine negativen Folgen für die Umwelt haben? Diese natürlichen Technologien erfordern ebenfalls qualitativ hochwertige wissenschaftliche Forschung und Innovation und können auch aus dem Hightech-Bereich stammen. Ein Beispiel ist das Pflanzen von Bäumen auf verwüsteten und erodierten Flächen, auf denen die Landwirtschaft nicht mehr möglich ist. Es scheint nämlich, dass das Abholzen von

Wäldern enorme Folgen in Form von Dürren und Überschwemmungen nach sich zieht. Wälder können Regentropfen auffangen und allmählich auf den Boden tropfen lassen. Dadurch kann der Boden den Regen besser aufnehmen. Wenn es keinen Wald gibt, fließt der Regen sofort weg, ohne in den Boden zu gelangen. Infolgedessen fließt das Wasser viel zu schnell stromabwärts, was zu Überschwemmungen führt. In diesen Fällen ist auch die Gefahr einer Dürre viel größer, da der Boden keine Wasservorräte speichern kann, die in Trockenzeiten langsam freigesetzt werden können. Außerdem können Wälder Wolken, die über dem Meer entstehen, anziehen und so ihr Wasser weiter ins Landesinnere transportieren, da Wälder auch viel Wasser verdampfen. Das verdampfte Wasser regnet dann weiter im Landesinneren ab. Auf diese Weise kann ein Regentropfen aus dem Meer viele Wälder mit Wasser versorgen. Voraussetzung ist, dass mindestens 50 Bäume pro Hektar vorhanden sind. Die waldfreie Zone zwischen Wald und Meer darf nicht breiter als 300km sein, da sonst dieser Sogeffekt nicht mehr funktioniert. Auf diese Weise können Wälder Dürren und Überschwemmungen vorbeugen und so zusätzliches Süßwasser erzeugen, das landwirtschaftlich genutzt werden kann. Die Menschheit hat jedoch bereits rund 45% der (Ur)-Wälder – oft entlang der Küsten – abgeholzt, wodurch viele Regionen unter Dürre leiden. Durch das Pflanzen von Bäumen und die Wiederherstellung dieser natürlichen Regenpumpen können wir die Frischwasserströme wieder erneuern und sind somit nicht mehr vom Grundwasser abhängig. Ebenso wichtig ist, dass diese Bäume auch CO_2 aufnehmen. Das gesamte CO_2, das wir derzeit ausstoßen, kann in neuen Wäldern gespeichert werden, die auf der unvorstellbar großen, zwei Milliarden Hektar umspannenden verwüsteten landwirtschaftlichen Nutzfläche angelegt werden, die für eine Wiederaufforstung zur Verfügung steht. Die Kosten für die CO_2-Reduktion durch Kernenergie betragen etwa 90 Euro pro Tonne, und für die unterirdische CO_2-Speicherung etwa 25 Euro pro Tonne. Durch die Anpflanzung von Wäldern auf verwüsteten landwirtschaftlichen Flächen wird CO_2 für weniger als 5 Euro pro Tonne gebunden. Darüber hinaus stellt dieser Ansatz auch noch zusätzliches Süßwasser in Dürregebieten und somit auch mehr Wohlstand für die Ärmsten zur Verfügung. Hingegen gibt es bei der Verwendung von Kernenergie auch noch radioaktiven Abfall, und bei der CO_2 Speicherung im Boden keinen positiven Effekt für den Rest der Welt.

Solche neuen Wälder ermöglichen auch wieder landwirtschaftliche Produktion, da es möglich ist, nützliche Hölzer zu pflanzen. Infolgedessen wird auch das Einkommen der einheimischen Bevölkerung steigen, was umso wichtiger ist, da die verwüsteten landwirtschaftlichen Flächen häufig in den ärmsten Regionen der Welt anzutreffen sind. Schließlich wirkt sich dieser neue Wasserzufluss auch auf den Meeresspiegel aus. Derzeit werden 25% des Meeresspiegelanstiegs durch das Hochpumpen von fossilem Grundwasser verursacht. Dieses fossile Grundwasser war seit Jahrmillionen unterirdisch gespeichert, aber heute dient es der Bewässerung. Dieses Bewässerungswasser gelangt dann durch Verdunstung ins Meer, und zwar in so großen Mengen, dass der Meeresspiegel dadurch ansteigt. Dank der neu angelegten Wälder können wir dem Verbrauch dieses fossilen Wassers ein Ende setzen, da es wieder genug Regen geben wird.

Zusätzlich können die Bäume dabei helfen, eine unglaubliche Menge an Wasser im Boden der Wälder zu speichern. Dadurch wird der Meeresspiegel weniger steigen oder vielleicht sogar wieder sinken.

Es gibt verschiedene Möglichkeiten, diese Wälder wiederherzustellen. Ich möchte gerne zwei davon vorstellen, zum Ersten die *Groasis Waterboxx*. Diese hochmoderne Technologie wurde kürzlich zu einem niederländischen „National Icon" gewählt. Alle zwei Jahre werden in den Niederlanden drei Top-Innovationen, die für die Welt von großer Bedeutung sein können, als sogenannte Ikonen betitelt. Die Groasis Waterboxx besteht aus einem Karton mit einem Loch in der Mitte, in das ein Baum gepflanzt wird. Die Kiste ist mit Wasser gefüllt, und dieses Wasser kann die Wurzeln mit der Hilfe von Bänder (Kapillarwirkung) feuchthalten, bis sie lang genug sind, um im Boden ihr eigenes Wasser zu finden. Grundsätzlich reicht eine Befüllung der Waterboxx dafür aus. Zusätzlich wird der Regen von der Box eingesammelt. Nur bei sehr schlechten Böden muss die Box manchmal nachgefüllt werden. Es müssen also keine Bewässerungskanäle verlegt werden. Eine andere Methode ist die der *Tree-to-Be-Foundation*. Für diese Technologie werden verwüstete Gebiete ausgewählt, auf denen noch einige Bäume übrig sind. Diese Bäume müssen an die natürlichen Bedingungen in der Umgebung angepasst sein. Sie werden durch eine spezielle Beschneidungsmethode stimuliert, ihre Wurzelsysteme wiederherzustellen. Auf diese Weise können angeschlagene Wälder wieder zum Leben erweckt werden. Dies ist eine sehr kostengünstige Methode.

In welcher Welt wollen wir leben? Eine Welt, die weiterhin Kernenergie verwendet und das CO_2 aus der Verbrennung von Kohle und Gas unterirdisch entsorgt, und das bei enormen Kosten? Eine Welt, in der wir die Küstenmeere verschmutzen, um das Wasser zu entsalzen? Oder in einer Welt, in der wir Wälder wiederaufforsten, um das CO_2-Problem und das Wasserproblem zu lösen und zugleich Wohlstand in den ärmsten Gebieten zu ermöglichen?

Phosphat

Phosphat ist ein entscheidendes Molekül für Mensch und Tier. Ohne Phosphat ist das Leben, wie wir es kennen, nicht möglich. Phosphat ist ein wichtiger Bestandteil aller Lebewesen, also von Bakterien, Pflanzen und Tieren sowie von Menschen. Die Menschheit ist im Moment noch nicht in der Lage, das in der Landwirtschaft verwendete Phosphat in einem Kreislauf zu erhalten. Dies liegt daran, dass Phosphat zu einem großen Teil in den Exkrementen von Menschen und Tieren ausgeschieden wird und in Pflanzenresten vorkommt. Phosphat bleibt derzeit also nicht im Kreislauf, weil wir zu viel düngen, Dünger zerstören und auch viel Phosphat in die Meere ausgespült wird und dabei verloren geht. Denn einmal im Meer ist das Phosphat für immer verloren. Das bedeutet, dass der größte Teil des Phosphats aus Minen gewonnen werden muss. Dieses Phosphaterz enthält giftige Metalle wie Cadmium, die durch den Kunstdünger in unsere Nahrung gelangen. Noch wichtiger ist, dass – Schätzungen zufolge – in etwa 300 Jahren alle Phosphatminen der Welt leergeschürft sein werden. Andere Schätzungen sprechen von 500 Jahren und versuchen so, das Problem zu entschärfen. Ich halte dieses Problem jedoch für akut, weil die Erde noch zumindest eine Milliarde Jahre lang bewohnbar bleiben wird, bevor die Sonne so heiß wird, dass ein Leben auf der Erde nicht mehr möglich ist. Aus dieser Perspektive sind 500 Jahre nur ein winziger Zeitraum, und wir sollten alles tun, um sicherzustellen, dass das gesamte Phosphat, das wir verwenden, vollständig recycelt wird. Infolgedessen müssen wir der Überdüngung ein Ende setzen und alle Phosphatströme, wie beispielsweise Exkremente von Menschen und Tiere, sorgfältig steuern. Da Phosphat auch die Seen und Küstenmeere verschmutzt, sollte es nicht mehr in diese Gewässer eingeleitet werden. Wie bereits erwähnt, verbrennen wir derzeit in den Niederlanden das gesamte Phosphat aus menschlichen Exkrementen. Es gibt auch Pläne, den Schweinemist für die Herstellung von Biogas zu verwenden. Dies sind alles Prozesse, durch die der natürliche Kreislauf gestört wird.

Es wäre viel natürlicher, mit weniger Phosphat zu düngen, damit es nicht weiter ausgespült wird, und die Exkremente von Menschen und Nutztieren wiederzuverwenden. So werden diese Abfälle wieder ein Teil des natürlichen Kreislaufs und kehren in die Landwirtschaft zurück, wie es bis zum Zweiten Weltkrieg üblich war. Es gibt noch Menschen in den Niederlanden, die sich an das Fasssystem erinnern, in dem die menschlichen Abfälle in Fässern gesammelt wurden, um direkt in der Landwirtschaft wiederverwendet zu werden. Dies führte zu guten Ergebnissen. Für unsere Bequemlichkeit und Hygiene wurde dieses System durch Toiletten mit Wasserspülung und die Abwasserbehandlung ersetzt. Die Abwasserbehandlung wurde notwendig, weil durch die Toilettenspülung die Exkremente mit Wasser vermischt werden. Bei der biologischen Abwasserbehandlung landen die Fäkalien nach der biologischen Behandlung im Klärschlamm, der anschließend – für viele Jahre war dies auch in den Niederlanden üblich – in der Landwirtschaft verwendet wird, wie es in vielen unserer Nachbarländer auch noch gemacht wird. Das ist in den Niederlanden nicht mehr erlaubt. Das Verbot erfolgte vor dem Hintergrund, dass zu diesem Zeitpunkt aufgrund der intensiven Bio-Industrie für Schweine und Hühner in den Niederlanden viel zu viel tierischer Dünger zur Verfügung stand.

Unser Klärschlamm wird jetzt also verbrannt. Diese Verbrennung führt nicht nur zum Verlust des gesamten Phosphats, sondern auch zum Verlust aller Mikronährstoffe. Der organische Klärschlamm enthält nämlich essentielle Mikronährstoffe, da Pflanzen, Tiere und Menschen nicht nur Phosphat benötigen, sondern noch etwa dreißig andere Mikronährstoffe und natürlichen Mineralien, von denen einige auf der Erde knapp sind. Dies sind z.B. Zink, Kupfer, Jod, Bor, Selen, Kobalt, Nickel usw. Diese Stoffe sind – in den richtigen Anteilen – im Klärschlamm verfügbar, und durch erneutes Aufbringen des Schlamms in der Landwirtschaft können wir Engpässe auch in anderen Teilen der Welt verhindern. Durch die Verwendung von Kunstdünger anstelle von Klärschlamm gelangen die Nährstoffe nicht in den richtigen Mengen auf die Nutzflächen. Dies hat Auswirkungen auf die Gesundheit der Pflanzen, aber auch auf die Gesundheit der Lebensmittel. Aufgrund des Düngerüberschusses in den Niederlanden wird Klärschlamm in der Landwirtschaft aber nicht mehr verwendet, und die niederländische

Landwirtschaft stört daher das globale Nährstoffgleichgewicht. Allerdings sind die Nährstoffströme weltweit nicht im Gleichgewicht. So importieren wir im großen Umfang Tierfutter, das viel Phosphat enthält. Die Länder, aus denen das Tierfutter stammt, haben in der Folge zu wenig Phosphat und müssen Phosphat aus den Minen kaufen. Einerseits gelangt also zu viel Phosphat durch die Gülle auf die Nutzflächen, zum anderen zerstören wir das Phosphat im Klärschlamm. Die Niederlande sind ein richtiger „Mega-Zerstörer“ des wertvollen Phosphats. Darüber hinaus enthält der Schlamm viel organisches Material, was einen wichtigen Teil zur Fruchtbarkeit der landwirtschaftlichen Nutzfläche beiträgt. Viele Böden profitieren von einem höheren Gehalt an organischer Substanz, da dies dem Abbau des Bodens entgegenwirkt. Ein höherer Gehalt an organischem Material im Boden führt dort auf natürliche Weise auch zu einer stärkeren CO_2-Bindung. Die Verringerung des Imports von Futtermitteln aus Gebieten mit Wasserknappheit und die Eigennutzung von Phosphat und Mikronährstoffen würde vielen Regionen der Welt viel Elend ersparen.

Die Verwendung von Klärschlamm in der Landwirtschaft ist in den Niederlanden, insbesondere im Rahmen der Schwermetallgesetzgebung, nicht zulässig. Für eine nachhaltige Lösung wäre es interessant zu untersuchen, auf welche Weise Abwasserschlamm für die Landwirtschaft sauberer gemacht werden kann. Durch die getrennte Sammlung von Toilettenabwasser kann viel sauberer Dünger erzeugt werden als mit Klärschlamm. Dazu trennen wir die Toiletten vom Abwasserkanal und sammeln das Toilettenabwasser getrennt ein. Tests in Sneek (einer Stadt in den Niederlanden) haben gezeigt, dass der aus getrennt gesammeltem Toilettenwasser gewonnene Dünger viel sauberer ist als der durchschnittliche Klärschlamm und in der Landwirtschaft leicht wiederverwendet werden kann. Dies liegt daran, dass er nicht mit Haushaltschemikalien wie Reinigungsmitteln, Sonnenschutzmitteln, Shampoo usw. vermischt ist.

Dank unserer aktuellen Importpolitik für Futtermittel gibt es in den Niederlanden bereits einen Nährstoffüberschuss. Anstatt Tierfutter von anderen Kontinenten zu importieren, wäre es sinnvoller, das Tierfutter aus einer Region zu beziehen, in die wir den organischen Dünger einfach zurückliefern können. Das ist im Umkreis von mehreren hundert Kilometern um die Niederlande realisierbar, sofern wir ein trockeneres Düngemittel herstellen können. Tierische und menschliche Abfälle könnten so wiederverwendet werden und die Niederlande könnten damit aufhören, Phosphat zu zerstören.

Landwirtschaft

In der Landwirtschaft ist die Steigerung der Produktion nach wie vor das Hauptziel. Dies wird mit vielen chemischen Pestiziden, Düngemitteln, Big Data und gentechnisch veränderten Pflanzen erreicht. Die große Mehrheit unserer Lebensmittel wird am Boden produziert. Aufgrund der enormen Flächen, die der Landwirtschaft weltweit zur Verfügung stehen, hat dies einen immensen Einfluss auf die Artenvielfalt und die Natur. Traditionell wurden keine Monokulturen verwendet. Es gab viele Landwirte, die jahrhundertelang ihre kleine Fläche bewirtschafteten und sich an die Möglichkeiten ihres Landes anpassten, meistens mit

Streifen-Ackerbau, Universität Wageningen (Fotograf: Dirk van Apeldoorn)

Vieh und Ackerbau. Nach dem Zweiten Weltkrieg ebneten Mechanisierung und chemische Düngemittel den Weg für Monokulturen, die größere Felder ermöglichen. Pestizide wurden gegen Schädlinge und Krankheiten eingesetzt, die bei Überschreiten der ökologischen Grenzen der ursprünglichen kleineren Parzellen auftraten. Eine wichtige Rolle spielte auch der Kunstdünger, der die Kombination von Ackerbau und Viehhaltung überflüssig machte. Dünger und Monokulturen verringern aber die biologische Widerstandsfähigkeit von Kulturpflanzen und Böden. Daher werden immer mehr Pestizide benötigt. Um Pestizide effizienter zu machen, werden auch gentechnisch veränderte Kulturpflanzen eingesetzt, vor allem aber außerhalb Europas.

Anstatt die Produktion zu steigern, scheinen die Monokulturen heute jedoch durch Resistenzen gegen Pestizide, Erschöpfung der Böden, Versalzung, erodierte Böden und leere Grundwasserquellen an ihre Grenzen zu stoßen. Darüber hinaus sind Schädlinge und Unkraut gegen Pestizide und durch genetische Manipulation ermöglichte Maßnahmen immun geworden. Außerdem verschwinden die nützlichen Insekten und andere Tiere, welche die Schädlinge unter Kontrolle halten könnten, sowie die für die Bestäubung erforderlichen Bienen. Forscher der NASA in den USA und andere Wissenschaftler in Japan haben schon Roboter-Wespen entworfen, die die Rolle der Bienen bei der Bestäubung übernehmen können (!). Wollen wir wirklich gentechnisch veränderte Pflanzen von toten Böden essen, auf denen Insekten und Vögel nicht mehr leben können, und bei denen Wespenroboter für die Bestäubung verantwortlich sind?

Neue Forschung zeigt, dass die alte Methode der Mischkulturen wiedereingeführt werden sollte – dazu werden die Kulturpflanzen in Streifen angebaut. Diese Streifen haben die Breite moderner landwirtschaftlicher Maschinen. Gemischte Kulturen weisen 20% mehr Ertrag auf als Monokulturen. Pflanzt man etwa Weizen und Erbsen in Streifen nebeneinander an, so wächst die Anzahl der natürlich vorkommenden Feinde von Schadinsekten von vier (in Monokulturen) auf 16 an. Je mehr Artenvielfalt eine Pflanzung aufweist, umso besser sind die Pflanzen gegen Krankheiten und Schädlinge geschützt. Asseln, Käfer, Schwebfliegen, Bienen, Spinnen usw. bilden eine große Artenvielfalt, die sich auch im Boden mit Würmern, Nematoden, Bakterien und Pilzen fortsetzt. Ein speziell entwickelter Ackerrandstreifen mit Wildblumen wird um die Kulturpflanzen-Streifen angepflanzt, um die nützlichen Insekten anzulocken und so den Weizen zu schützen. Die Insekten können bei der Ernte vom Erbsenstreifen zum Weizenstreifen fliehen oder umgekehrt. Die Erforschung dieser landwirtschaftlichen Methode ist viel komplexer als bei Monokulturen, und es bedarf noch vieler weiterer Untersuchungen, um etwas Vergleichbares für alle anderen Nutzpflanzen durchzuführen. Aber wir bekommen anstelle von langweiligen Monokulturen, die mit vielen Pestiziden behandelt werden müssen, schöne Mischkulturen mit einer großen Vielfalt von Insekten und Vögel.

Die moderne Landwirtschaft basiert auf Chemikalien – angepriesen als wissenschaftlich erwiesen und als einzige Art und Weise, die Welt zu ernähren. Derzeit wird jedoch der größte Teil der landwirtschaftlichen Nutzfläche für tierische Erzeugnisse genutzt. Betrachten wir zum Beispiel, wie fruchtbar und ertragreich die amerikanischen Prärien waren, bevor wir moderne landwirtschaftliche Methoden auf sie losließen. In den Prärien gab es Hunderte verschiedener Pflanzenarten, von denen einige bis zu zehn Meter tiefe Wurzeln hatten. Aufgrund dieser langen Wurzeln waren die Pflanzen resistent gegen Dürre und konnten Nährstoffe tief aus der Erde holen. In den Prärien konnten rund 120 Millionen Weidetiere leben, davon 60 Millionen Bisons. Für Tausende von Jahren funktionierte das alles automatisch, ohne Bewässerung, Dünger, Maschinen, Medikamente und Pestizide. „Neue" landwirtschaftliche Initiativen versuchen, diese ursprüngliche Situation wiederherzustellen, allerdings mit weidenden Kühen. Diese Landwirte brauchen keine Chemikalien mehr und kaum Maschinen (Harvey). Ihr Vieh ist viel gesünder als jenes, das in einem Stall gehalten wird und Mais und anderes, zuvor abgemähtes Futter bekommt. So hat die Rentabilität enorm zugenommen. Ohne Dünger, Pestizide, Impfstoffe, Antibiotika, Maschinen und Diesel für diese Maschinen sind die Kosten logischerweise stark gesunken. Die Kühe suchen ihr eigenes Futter. Außerdem wird der Boden fruchtbarer und ertragreicher, und Pflanzen werden gesünder, unter anderem, weil der Gehalt an organischer Substanz im Boden wieder um den Faktor fünf (!) ansteigt. Biomasse wird aus dem CO_2 aus der Luft von den Pflanzen produziert. Die Gesamtmenge an Kohlenstoff in Pflanzen und Bäumen ist doppelt so groß wie die Menge an Kohlenstoff im CO_2 in der Luft, aber die Menge an Kohlenstoff als Biomasse im Boden beträgt selbst das Dreifache der Menge an Kohlenstoff in der der Luft. Eine fünffache Erhöhung der Menge an Kohlenstoff in landwirtschaftlich genutzten Flächen kann also einen großen Einfluss auf den

Klimawandel haben. Darüber hinaus verbraucht diese Form der natürlichen Landwirtschaft viel weniger Wasser, und es gibt nur wenige Menschen, die bezweifeln, dass diese Form der Landwirtschaft auch für uns Menschen die gesündere Variante darstellt.

Gesundheit

Das moderne Gesundheitswesen verlässt sich zunehmend auf Pharmazeutika, die aus ihrem unendlich komplexen natürlichen Kontext entfernt wurden, um in der (ebenso) unendlich komplexen Situation unseres Körpers eingesetzt zu werden. Auf diese Weise wird die Krankenpflege reduziert auf den Einsatz einer chemischen Substanz. Nehmen Sie zum Beispiel die Verwendung von Antibiotika – Chemikalien, die bakterielle Infektionen bekämpfen. Sie werden sowohl zu recht eingesetzt als auch zu Unrecht verschrieben, häufiger noch in anderen Ländern als den Niederlanden. Es scheint jedoch, dass gefährlichen Bakterien, die Infektionen verursachen können, langsam gegen diese Antibiotika resistent werden. Einige Antibiotika können heutzutage schon nicht mehr verwendet werden, da sie nicht mehr wirksam sind. Es gibt bereits viele Antibiotika-resistente Bakterien, die in Krankenhäusern große Probleme verursachen, was für schwache Patienten lebensbedrohlich ist. In der Vergangenheit wurden die Ausscheidungen von Kranken in Krankenhäusern gekocht, bevor sie weggeworfen wurden. Jetzt geht alles einfach in den Abwasserkanal; so sehr wir vertrauen wir auf die Wirksamkeit der Antibiotika. Das ist aber nicht richtig. Erscheint es für uns logisch, dass sehr kranke und alte Menschen in Krankenhäusern an Infektionen durch antibiotikaresistente Bakterien sterben können, so werden wir immer häufiger damit konfrontiert, dass dies plötzlich junge, gesunde Menschen trifft. Immer mehr Menschen sind Träger von resistenten Bakterien. Wenn jemand mit solchen Bakterien infiziert ist, kann ihm im Krankenhaus nicht mehr geholfen werden. So wie wir früher an einer Blasenentzündung sterben konnten, kann dies auch heutzutage wieder passieren. Es ist daher äußerst wichtig, dass sich diese gefährlichen, resistenten Bakterien nicht ausbreiten können. Dieses Problem ist in den Slums der Großstädte noch akuter wegen den dortigen, sehr unhygienischen Lebensbedingungen und der großen Menge an Antibiotika, die dort verkauft werden. Hier treten Antibiotikaresistenzen in sehr großem Umfang auf und nehmen epidemische Ausmaße an.

Wir sollten untersuchen, wie Infektionen ohne Antibiotika bekämpft werden können. Ein Beispiel ist die Verwendung einer Kräutermischung in der Schweinehaltung. Die Schnüffelkrankheit (Rhinitis athropicans) ist eine bekanntermaßen gefährliche und manchmal tödliche Krankheit, gegen die viele Antibiotika eingesetzt werden. Es scheint, dass diese Krankheit auch mit einer Kräutermischung bekämpft werden kann. Das ist billiger und liefert auch bessere Ergebnisse, wodurch weniger Schweine sterben. Es ist jedoch eine ziemliche Herausforderung, eine (bzw. diese) Kräutermischung als Arzneimittel registrieren zu lassen. Eine solche Registrierung ist extrem teuer, und die große Frage ist: Wer wird dafür bezahlen? Es ist sehr wahrscheinlich, dass eine Kräutermischung nicht patentiert werden kann.

Forschung im Bereich der Kräuterheilkunde – für den menschlichen Gebrauch – gibt es in den Niederlanden nicht mehr. Die Kräutermedizin gehört nicht mehr zur pharmazeutischen Fakultät. In den Niederlanden gibt es immer weniger Spielraum für Naturheilkunde, obwohl dies ein weitaus attraktiverer Ansatz ist als monochemische Arzneimittel, insbesondere bei chronischen Erkrankungen. Während die Landwirtschaft durch den ökologischen Landbau einen neuen Weg eingeschlagen hat, steht die Naturheilkunde im Gesundheitswesen unter enormem Druck. Sie wird nicht ernst genommen und häufig marginalisiert. Naturheilärzte werden langsam aus den Versicherungsverträgen herausgezwungen und müssen im Gegensatz zum restlichen Gesundheitswesen auch Umsatzsteuer bezahlen. Zeitungsberichte zum Thema Naturheilkunde sind häufig negativ. Jedoch ist die Erforschung des Zusammenhangs zwischen psychischen Beschwerden, toxischen Belastungen, gesunder Ernährung und chronischen Erkrankungen, wie sie von der Naturheilkunde befürwortet wird, von größter Bedeutung. Bei chronischen Erkrankungen ist man im Moment zur lebenslangen Einnahme von – häufig sehr schweren – Medikamenten verurteilt. Wenn diese Beschwerden mit Naturheilmitteln gelindert werden können, sollte dies viel mehr Beachtung finden. Gute Ergebnisse werden bei chronischen Erkrankungen wie Rheuma, MS, chronischer Müdigkeit und Diabetes erzielt. Wollen wir wirklich alle von lebenslanger Medikation abhängig werden, wie das bereits bei sieben Millionen Niederländern der Fall ist?

Eine andere Richtung in der technokratischen Technologie ist die Entwicklung fortschrittlicher Biotechnologie, z. B.

die Verwendung von Stammzellen, um neue Organe zu züchten, beispielsweise eine neue Niere, die eine alte Niere ersetzt, oder um Embryos auszuwählen oder zu verbessern. Darüber hinaus gibt es neue Entwicklungen in der Nanotechnologie und Feinmechanik, darunter ein Gerät, das in unseren Körper implantiert werden kann, um unsere Nieren zu ersetzen, oder ein Exoskelett, um Soldaten stärker zu machen. Die Medizin bewegt sich zunehmend in Richtung der Verbesserung des (reichen) Menschen, anstatt den Menschen zu heilen. Diese in der plastischen Chirurgie bereits gelebte Entwicklung werden wir bald in allen möglichen Bereichen sehen. Es versteht sich von selbst, dass diese Entwicklungen nur den reichsten von uns zur Verfügung stehen werden, da wir derzeit nicht einmal in der Lage sind, alle Kinder der Welt zu impfen. Wollen wir auf diese Art eine neue Superrasse züchten, die durch teure plastische Operationen hervorragend aussieht und durch den Einsatz teurer Bio- und Nanotechnologie sehr alt werden kann?

Die Machbarkeits-Täuschung

Tatsächlich können wir technokratische Technologien als sich immer weiter von der Natur entfernende Produktionsweisen definieren. Diese Technologieformen haben den gemeinsamen Nenner, stets umfangreicher und zunehmend unnatürlicher zu werden. Sie basieren auf der Vision, dass menschliche Technologie die Natur letztendlich kontrollieren kann. Leider gibt es zahlreiche Anzeichen dafür, dass dies nicht passieren wird. Und doch sind Erkenntnisse, die unsere Kontrolle über Mysterien, wie etwa die Ursprünge unseres Universums, bekräftigen, jedoch immer weitaus beliebter als Einsichten, die zeigen, dass die Lösung solcher Rätsel nicht möglich ist. Dies kann als Hinweis auf unseren Wunsch nach einer machbaren, begreifbaren Welt gesehen werden.

Es scheint sich eine Art von Denkfaulheit zu entwickeln, die uns blind macht für die Dinge, die wir nicht wissen können. Risiken sind nicht mehr akzeptabel. Darüber hinaus hält diese Vorstellung an der Illusion fest, dass 10 Milliarden Menschen den gleichen Reichtum erwerben können, und dass es keine Grenzen gibt. Bei all diesen technischen Neuerungen fällt auf, dass sie sich den Grenzen menschlicher Fähigkeiten nähern, wie etwa die Nutzung von Kernenergie und Gentechnik, aber auch von großem wirtschaftlichen Interesse sind. Es scheint eine Tendenz zu geben, dass genau diese Art der Forschung auf der gesamten Welt gefördert wird, nicht weil diese Technologien der Gesellschaft am besten dienen, sondern weil sie am meisten Geld einbringen und uns ein Gefühl der Machbarkeit (und der Kontrolle) vermitteln. Technologien mit den besten Verdienstmöglichkeiten werden von der Wirtschaft unterstützt. Durch diese Unterstützung wiederum wird ihnen an den Universitäten mehr Aufmerksamkeit geschenkt.

Es ist überraschend, dass das Gesundheitsministerium in dieser Hightech-Ära die folgenden Gesundheitsempfehlungen vorlegt: Gewicht halten, körperliche Aktivität sicherstellen, viel Obst und Gemüse essen, wenig Fleisch essen, wenig Alkohol trinken und nicht rauchen. Mein nicht fachkundiger Großvater gab mir vor vierzig Jahren denselben Rat. Wenn wir uns jedoch ansehen was in Zeitschriften, Fernsehsendungen und Werbespots im Zentrum des Interesses steht, so dreht es sich eher um die Süßstoffe in Coca-Cola Zero als um Äpfel. Es geht darum, Abnehmpräparate zu schlucken anstatt darum, mehr Gemüse zu essen. Es geht um die plastische Chirurgie statt darum, mit dem Rauchen aufzuhören – davon können wir nämlich auch schöner werden. Es gibt keine Werbung im Fernsehen für die Dinge, die das Gesundheitsministerium empfiehlt, und es gibt auch kaum Forschung auf diesem Gebiet.

In der Landwirtschaft liegt der Fokus seit Jahren auf höheren Erträgen. In der Vergangenheit wurde Getreide einmal im Jahr gegen Mehltau gespritzt, heute nicht weniger als fünf Mal pro Jahr. Die Ausbeute ist höher, aber die Kosten für Pestizide sind mittlerweile höher als die Gewinne durch die zusätzliche Ausbeute an Getreide. Aber wir können nicht zu den alten Sorten zurückkehren, da diese gegen Mehltau beständigeren Sorten nicht mehr erhältlich sind. Das ist das Resultat davon, dass wir dachten, dem Mehltau Herr werden zu können und nur auf mehr Ertrag aus waren. Aus meiner Sicht ist so eine für die Gesellschaft unannehmbare Situation entstanden. Die Verwendung von fünfmal so vielen Pestiziden ist sowohl für die Natur in und um die landwirtschaftlichen Gebiete als auch für die Gesundheit der Landwirte und der Getreidekonsumenten unerwünscht. Die chemische Industrie jedoch wird sich über die momentane Situation nicht beschweren. Liegt die Lösung darin, bessere Chemikalien zu entwickeln? Ist die Lösung die Entwicklung von gentechnisch verändertem Getreide? Oder können wir einfach auf die alten Getreidesorten zurückgreifen und uns mit etwas weniger Ertrag zufriedengeben, aber dafür mit einem etwas höheren Gewinn für den Landwirt und viel weniger ungesunden Pestiziden?

Der bloße Fokus auf alles, was technisch machbar ist, führt uns auf den falschen Weg. Die genetische Manipulation ist eine gewaltige technische Errungenschaft. Aber kann die Welt wirklich nicht ohne diese Technologie auskommen? Mit gentechnisch manipuliertem Saatgut wird ein Teil des Ertrags des Landwirts an den Hightech-Hersteller übertragen. Der Landwirt muss ja bereits Kunstdünger und Pestizide kaufen. Diese technokratischen Lösungen erweisen sich als kontraproduktiv. Sie machen uns nicht gesünder, im besten Fall erhöhen sie unsere Lebenserwartung ein wenig. Sie verbrauchen viel mehr Wasser als die alten Technologien. Und es sind Spitzentechnologien, die auf einem Weltbild basieren, in dem wir nicht teilen müssen. Die Tatsachen deuten jedoch darauf hin, dass wir *doch* teilen müssen, wenn wir den Rest der Welt nicht in Armut und Hunger versinken lassen wollen. Wie zu Beginn bereits erwähnt, gibt es zum Beispiel nicht genug Wasser auf der Welt, um allen einen westlichen Lebensstil für zu ermöglichen. Die Niederlande importieren viel Wasser durch den Import aller Arten von landwirtschaftlichen Produkten wie Futtermittel, Kaffee, Tee, Schokolade und Baumwolle. Weltweit stehen etwa 2300 Liter Trinkwasser pro Person und Tag zur Verfügung, während ein durchschnittlicher Niederländer derzeit 4000 Liter pro Tag konsumiert. Unser enormer Wasserverbrauch beruht hauptsächlich auf unserem Fleisch- und Bekleidungskonsum. Dies betrifft vor allem Wasser von außerhalb der Niederlande, welches zumeist aus nicht-nachhaltiger Wirtschaft stammt. Die Weltanschauung, nicht teilen zu müssen, ist mit dem derzeitigen westlichen Wasserfußabdruck nicht vereinbar.

Wir können jedoch auch eine völlig andere Sichtweise einnehmen, nämlich jene, dass der Mensch lernen muss, mit dem großen Geheimnis seiner Entstehung zu leben. Der Mensch wird niemals in der Lage sein, die unendlichen Abfolgen von Ursache und Wirkung in der Natur zu verstehen. Daher ist es viel klüger, nahe an der Natur zu bleiben und in ihr nach Innovationen zu suchen, und so eine Welt zu schaffen, die wir nicht zerstören, und in der wir fair und ehrlich teilen.

5

Wir sehen die Dinge nicht, wie sie sind,
wir sehen sie so, wie wir sind.

Anaïs Nin (1961)

Unsichtbares Bewusstsein

Was sind die möglichen Lösungen für die Umweltkrise? Viele Menschen haben bereits versucht, darauf eine Antwort zu geben. Basierend darauf unterscheide ich vier mögliche Lösungsstrategien:

- Erstens möchte ich das Konzept „Zurück zur Natur" erläutern, also einen Rückschritt in die Zeit der Jäger und Sammler. Das würde bedeuten, dass wir nicht einmal sieben, geschweige denn zehn Milliarden Menschen auf der Erde versorgen können. Jäger und Sammler leben überhaupt nicht so nachhaltig, wie es scheint. Von zehn Milliarden Jägern und Sammlern würde unsere Erde in kürzester Zeit zerstört werden. Es ist eine Errungenschaft der modernen Gesellschaft, dass dank unserer organisatorischen Kapazität und unseres Wissensstands so viele Menschen wie heute auf der Erde leben können.

- Zweitens kursiert die Idee, dass unsere Umweltprobleme durch die Überbevölkerung verursacht werden. Menschen, die sich für diese Theorie einsetzen, haben tatsächlich das Gefühl, dass es auf der Erde weit weniger Menschen geben sollte, was im Allgemeinen weniger „andere" Menschen und insbesondere weniger Arme impliziert. Dies ist eine gefährliche, narzisstische Sichtweise, die leider von mehr Menschen geteilt wird, als wir denken. Nehmen wir einmal die Faszination für die vielen Filme und Bücher über die Ausrottung der gesamten Menschheit (mit Ausnahme einer „ausgewählten" Gruppe) als Beispiel. Darum geht es etwa im aktuellen Buch von Deon Meyer – *Fever* – (auf Deutsch: „Fieber"), in dem eine Elitegruppe von Menschen ein Virus auf die Menschheit loslässt und nur sich selbst dagegen impft. Diese Denkweise wird vom „Nicht-teilen-wollen" und von niedrigen ethischen Standards geleitet. Vor allem, wenn wir bedenken, dass die reichsten 20% der Menschheit 80% aller Ressourcen (Wasser, Rohstoffe usw.) verbrauchen, wird das „Wegzaubern" von 6 Milliarden armen Menschen wenig zur Lösung der Umweltkrise beitragen, da die Reichen immer mehr wollen. In diesem Fall würde nicht einmal eine Milliarde reiche Menschen genug Platz haben.

- Drittens existiert die Vorstellung, dass Wissenschaft und Technologie letztendlich die Umweltkrise lösen werden, wobei ihre bisherigen Erfolge das Hauptargument sind. Diese Idee ist für Bewältigungsstrategien im Zusammenhang mit der Umweltkrise vorherrschend. Die Technologie wird zum neuen Gott, und wir glauben fest an die Wissenschaft als Lösung für unsere Probleme, während es derzeit keine realistische Grundlage dafür gibt. Wir halten daran fest, um die Lebenserwartung und den persönlichen Wohlstand als die höchsten Ziele unserer Gesellschaft aufrechtzuerhalten. Das bedeutet im Prinzip nichts Anderes als so weiter zu machen wie bisher. Angesichts der Tatsache, dass sich die globale Biodiversität trotz unseres enormen Reichtums und unserer Technologie nie verbessert hat und wir immer noch keine Ahnung haben, wie die Wasserkrise gelöst werden kann, glaube ich, dass diese Richtung vor allem dazu führen wird, dass der Westen sich selbst rettet und der Rest der Welt die Konsequenzen tragen muss. Modelle zeigen, dass der Wassermangel Europa und Amerika weniger hart treffen wird. Es ist höchst fraglich, ob die Erde mit diesem System 10 Milliarden Menschen Platz bieten kann. Es wird prognostiziert, dass die Wasserversorgung in den großen landwirtschaftlichen Gebieten noch in diesem Jahrhundert zusammenbrechen wird. Diese Denkweise ist ebenfalls ein Beispiel für die mangelnde Bereitschaft zu teilen und zeigt wenig Weitsicht.

- Bleibt nur noch viertens: Wenn wir nicht in eine Welt zurückkehren können, in der es mehr Jäger und Sammler gibt, und wenn weniger Menschen und mehr Technologie nicht die Lösung ist, so werden wir uns selbst und unser Bewusstsein ändern müssen. Dies erfordert, dass sich immer mehr Menschen mit der gesamten Menschheit verbunden fühlen. Mit diesem Ansatz wird man im Westen zunehmend erkennen, welche Konsequenzen unser Handeln für den Rest der Welt hat. Es wird mehr Solidarität entstehen. Der Egoismus nimmt ab und damit auch unsere Gier und unser Neid. Wir können besser zusammenarbeiten, und infolgedessen werden wir weniger verschwenden und die Ökosysteme besser managen. Durch eine geringere Priorität des Wirtschaftswachstums für die Reichen, wird die Erde leicht zehn Milliarden Menschen aufnehmen können. Diese Kultur wird die höheren Werte annehmen und

> eine Gesellschaft schaffen, in der persönliches Bewusstseinswachstum wichtig ist. Jeder in dieser Gesellschaft wird ermutigt, eine höhere Bewusstseinsstufe anzustreben, mit besonderem Augenmerk auf Kinder. Wie Gandhi sagte: „Es gibt genug für die Bedürfnisse eines Jeden, aber nicht genug für die Gier des Einzelnen." Mit weniger Gier und besserer Zusammenarbeit kann die Welt leicht 10 Milliarden Menschen aufnehmen.

Aber wie sollen wir uns ändern, und was bedeutet das genau? Wir glauben, dass es der Welt nicht gut geht und unsere westliche Zivilisation zweifelt an sich selbst. Aber was macht eine Zivilisation aus? Auf welcher Grundlage können wir Zivilisationen miteinander vergleichen? Vielleicht sind die höheren Werte einer Zivilisation ein guter Ausgangspunkt. Zum Beispiel ist die Zukunftssicherung für die Lösung der Umweltkrise sehr wichtig. Die Niederländer haben für ihre Zukunft so viel in ihren Hochwasserschutz investiert, dass die statistische Wahrscheinlichkeit eines Hochwassers bei einmal in 100.000 Jahren liegt. Vergleichen Sie dies mit der Situation in New Orleans, wo diese statistische Wahrscheinlichkeit bei einmal in hundert Jahren liegt. Die Japaner haben sich vor sehr starken Erdbeben geschützt. Ihre Städte wurden erdbebensicher gebaut. In Italien bricht sogar ein neues Schulgebäude bei einem Erdbeben zusammen. Zukunftsorientierung hängt eng mit dem Ausmaß zusammen, in dem Menschen zu einer gemeinsamen Sache beitragen möchten, wie zum Beispiel dem Umweltschutz. Menschen machen ihre Gesellschaft verwundbar, wenn sie sich nur auf die schnelle Befriedigung dessen konzentrieren, was sich ihr Herz für sich und ihre Familie wünscht. Um

Umweltprobleme zu lösen, bedarf es einer Gesellschaft, die sich gemeinsam auf die Lösung zukünftiger Probleme konzentriert. In seinem Buch *Kollaps* beschreibt Jared Diamond viele Zivilisationen, die in der Vergangenheit aufgrund von Umweltproblemen zugrunde gegangen sind. Er vergleicht zum Beispiel den Niedergang der Wikinger in Grönland mit den Wikingern in Island, die ihre Umweltprobleme überwinden konnten. Die isländischen Wikinger haben ihre Lebensweise gemeinsam angepasst, so dass die gefährdete isländische Umwelt nicht weiter betroffen war, während sich die grönländischen Wikinger nicht anpassten – ein perfektes Beispiel für die Notwendigkeit von Zukunftsfähigkeit und Kooperation.

Zu diesen höheren Werten können wir heutzutage ein anderes Konzept hinzufügen, nämlich die Weltsicht. Die Materialströme sind heutzutage so groß geworden, dass das, was wir auf der einen Seite der Welt machen, auch die andere Seite beeinflusst. Das Verhalten der Wikinger auf Grönland hatte keine Auswirkungen auf die Menschen in Australien. Das Ozonloch über dem Südpol und Australien wird jedoch hauptsächlich durch die in der nördlichen Hemisphäre freigesetzten Treibmittel in Spraydosen verursacht. Ein Auge für die Auswirkungen unseres Verhaltens auf den Rest der Welt zu haben, ist für die Lösung der Wasserkrise unerlässlich geworden. Arnold Toynbee hat zwanzig Zivilisationen analysiert, die untergegangen sind, wie zum Beispiel auch das römische Reich. In seinen Augen war in all diesen Fällen der Verlust der höheren Werte die Ursache für den Zusammenbruch dieser Zivilisationen.

Aber woher kommen diese höheren Werte? Sie kommen aus unserem Bewusstsein. Dieses Bewusstsein eines Menschen oder einer Kultur ist unsichtbar und wird in vielen Gedankenmodellen und bei vielen Entscheidungen oft übersehen. In den 50.000 Jahren, in denen der moderne Mensch existiert, hat der durchschnittliche Bewusstseinsgrad erheblich zugenommen. Wenn man mehr Bewusstsein erreicht, sieht man die Welt anders. Wenn wir auf die Ära der Niederländischen Ostindien-Kompanie (17. und 18. Jahrhundert) zurückblicken, eine Zeit mit Grausamkeiten wie Todesurteilen und Sklavenhandel, tun wir dies mit anderen Augen – einem anderen Bewusstsein – als die Menschen von damals, und wir können diese vergangene Gesellschaft nicht von ihrem Gesichtspunkt aus beurteilen. Es ist darum nicht fair, menschliche Praktiken aus der Vergangenheit mit geringerem Bewusstsein mit unserem gegenwärtigen höheren Bewusstsein zu beurteilen. Denn wir haben heutzutage sehr unterschiedliche Werte und können tatsächlich nur mit unserem gegenwärtigen Bewusstseinsgrad urteilen. Mit jeder höheren Ebene wird der Mensch weniger egozentrisch. Dies ist eine der optimistischsten und hoffnungsvollsten Vorstellungen, die ich kenne. In den letzten 50.000 Jahren sind wir im Durchschnitt immer weniger selbstbezogen geworden. Das sieht man etwa auch daran, dass es immer weniger Todesfälle durch Gewalt gibt. Die Tatsache, dass zurzeit überhaupt sieben Milliarden Menschen auf der Erde leben können, ist auch auf unser höheres Bewusstsein zurückzuführen. Die Fähigkeit zu teilen hängt von der Bewusstseinsstufe einer Person ab. Und die individuellen Bewusstseinsebenen bestimmen die Qualität und Kohärenz des kollektiven Bewusstseins. Mit einem qualitativ höheren und kohärenteren kollektiven Bewusstsein wird das notwendige Teilen mehr oder weniger spontan zustande kommen (Van Eijk). Ein wichtiges Ziel für die Menschheit ist es, weiter daran zu arbeiten, mehr Bewusstsein zu schaffen. Leider wird in der westlichen Welt das Bewusstsein als solches zunehmend verleugnet, geschweige denn, dass ernsthaft versucht wird, es zu erhöhen.

Es gibt keine gute Definition für Bewusstsein. Das Bewusstsein ist – wie das Leben – etwas, das uns transzendiert. Wir wissen nicht, woher es kommt. Wir können es nicht wissen. Wir können versuchen, das Bewusstsein zu beschreiben. Bewusstsein ist – ebenso wie Einsicht – etwas, das wir nicht sehen können. Jeder versteht, dass das Lösen einer mathematischen Aufgabe mathematisches Wissen erfordert und für eine schwierigere Aufgabe ein höheres mathematisches Verständnis nötig ist. Wie wir diese Einsicht bekommen, ist nicht ganz klar. Manchen ist es von Natur aus gegeben. Andere bekommen dieses mathematische Verständnis erst nach dem endlosen Lösen von Aufgaben. Mathematisches Verständnis ist unsichtbar. Wir können es nur erleben.

Dies gilt auch für Bewusstsein und höheres Bewusstsein. Bewusstsein kann nur erlebt werden. Bewusstsein ist nicht etwas, mit dem wir geboren werden. Wir alle müssen unser Bewusstsein selbst zu Lebzeiten aufbauen, und manche erreichen mehr Bewusstsein als andere. Es hängt auch von der Kultur ab, in der wir geboren werden. Wenn jemand – rein theoretisch – von Wölfen aufgezogen würde, hätte diese Person ein geringeres Bewusstsein als wenn sie in einer Gesellschaft mit Schulen aufwüchse. Auch Gesellschaften haben ein durchschnittliches Bewusstsein, und die meisten Menschen werden dieses Niveau automatisch mit einer normalen Erziehung erreichen. Jede Gesellschaft hat auch Ausreißer nach oben und nach unten. Nach dem Urknall dauerte es fast 14 Milliarden Jahre, bis der Mensch entstand, etwa eine Milliarde Jahre nachdem es das erste Leben gab. Unsere unmittelbare Zukunft liegt nicht in der weiteren biologischen Evolution, die viel zu langsam ist, sondern in unserer Kultur- und Bewusstseinsentwicklung. Hier sprechen wir von einer Zeitspanne im Bereich von ein oder mehreren hundert Jahren. Was ich in diesem Kapitel klarstellen möchte, ist, dass das Bewusstsein, das eine Person oder Gesellschaft hat, entscheidend dafür ist, wie diese Person oder Gesellschaft komplexe Probleme betrachtet. Ein atheistischer Wissenschaftler aus unserer heutigen rationalen Gesellschaft wird zum Beispiel die Bibel ganz anders interpretieren als ein Wissenschaftler aus dem Mittelalter. Dieses unsichtbare Bewusstsein muss daher berücksichtigt werden, um Umweltprobleme wie die Wasserkrise weiter untersuchen zu können.

Stufen des Bewusstseins

Über Bewusstsein zu schreiben und nachzudenken ist viel schwieriger als über die Fakten und Gesetze der Wissenschaft. Das Bewusstsein ist unsichtbar oder höchstens für den „Bewussten" sichtbar. Jeder von uns hat jedoch ein Bewusstsein, und es scheint, dass es in unserer Entwicklung vom Kind bis hin zum Erwachsenen mehrere Bewusstseinsstufen gibt. Wir können die Bewusstseinsstufe einer anderen Person nicht sehen – das ist eine unglaublich komplizierte Angelegenheit. Es gibt aber Modelle, um diese zu beschreiben. Ken Wilbers Modell beschreibt z.B. die größte Anzahl von theoretischen Bewusstseinsstadien, und deshalb wähle ich dieses Modell als Leitfaden. Die Grundidee hinter diesem Modell ist, dass wir sowohl als Menschen als auch als Menschheit im Bewusstsein wachsen können, wodurch wir höhere Bewusstseinsstufen erreichen und dadurch weniger egoistisch werden.

Es ist wichtig, dass wir anerkennen, dass es höhere und niedrigere Werte gibt. Ohne diese Hierarchie zwischen „höher" und „niedriger" bedeuten Bewusstseinsstufen nichts. Einerseits gibt es die Vorstellung, dass alles im Universum, einschließlich dem Leben und der Menschheit, das Ergebnis von Zufall und Evolution ist; der Mensch ist dann nichts weiter als ein zufälliges Konglomerat von Atomen. In diesem Fall ist es schwierig, eine Hierarchie zu erkennen. Alles ist dem Zufall überlassen. In dieser Vorstellung ist alles gleich wichtig. Es gibt nichts Höheres oder Niedrigeres. Andererseits kämpfen viele Menschen für Tierrechte. Sie finden das Leben und Wohlergehen von Tieren wichtiger als das von Pflanzen. Vegetarier essen Pflanzen ohne Reue, ziehen aber die Grenze beim Verzehr von Fleisch. Das Abholzen eines Baumes wiederum berührt Menschen mehr als das Ausheben einer Grube. Pflanzen stehen daher hierarchisch über Erde und Steinen. Dadurch entsteht eine Rangordnung: Boden, Steine und Mineralien stehen ganz unten. Dann kommen die Pflanzen, bei denen das Gras weniger wichtig ist als uralte Bäume. Darüber stehen dann die Tiere, bei denen Insekten weniger gelten als Säugetiere und menschenähnliche Tiere wie Schimpansen. Letztendlich kommt der Mensch. Fast jeder betrachtet das menschliche Leben als das höchste Gut. Schumacher fasste dies in vier Stufen zusammen: leblos (Mineralien), Leben (Pflanzen), Bewusstsein (Tiere) und höheres Bewusstsein (Menschen). In dieser Hierarchie steht das höhere Bewusstsein an der Spitze. Es ist eine Hierarchie der Komplexität, wobei Mineralien die geringste Komplexität aufweisen und der Mensch die höchste. Alle Ebenen fließen im Menschen zusammen (Mineralien, Leben, Bewusstsein und höheres Bewusstsein). Diese Hierarchie ist daher sehr wichtig, um den Wert einer Person zu bestimmen. Der Mensch weißt den höchsten Bewusstseinsgrad auf dieser Erde auf, und – solange wir nicht auf anderen Planeten ein höheres Bewusstsein entdecken – das höchste Bewusstsein im Universum. Von diesem Standpunkt aus gesehen ist die Menschheit keine Geißel für die Erde, sondern eher ein Segen, weil sie die Komplexität auf der Erde erhöht, was anscheinend die Richtung darstellt, in der die Evolution voranschreitet. Mit einer wachsenden Menschheit erhöhen wir das Gesamt-Bewusstsein auf der Erde. Dies ist vielleicht das Ziel des Menschen: Bewusstsein in das Universum zu bringen. Auch in diesem menschlichen Bewusstsein scheint es eine Hierarchie zwischen höherem und noch höherem Bewusstsein zu geben. Dadurch, dass nicht nur die Anzahl der Menschen auf der Erde, sondern auch das Bewusstsein pro Person erhöht wird, steigt der Bewusstseinsgrad sogar noch schneller. Das Komponieren der großen Sinfonien und Opern ist etwa auf einer höheren Bewusstseinsstufe angesiedelt als das Jagen von Tieren. Der Unterschied in diesen Bewusstseinsebenen ist ebenfalls von großer Bedeutung. Es macht also einen großen Unterschied, ob wir die Meinung eines Sklavenhändlers oder Kannibalen vor uns haben, oder die eines Menschen aus unserem rationalen Zeitalter mit gleichen Rechten für alle. Je mehr Bewusstsein wir haben, desto wichtiger wird unser Beitrag zu einer besseren Welt. Ken Wilber zufolge gibt es Bewusstseinsstufen, die sich voneinander unterscheiden lassen. Dies ist jedoch nicht so einfach, wie es scheint, denn die vielen Aspekte unserer Persönlichkeit können sich in verschiedenen Stadien befinden. Das vierstufige Modell, wie in der Abbildung gezeigt, ist daher eine wesentliche Vereinfachung und dient als Denkmodell. Die für diese Entwicklung wichtigen Etappen steigen an, beginnend mit magisch, dann mythisch, dann rational und schließlich transrational oder existentiell. Logischerweise ist also für „mythisch" mehr Bewusstsein nötig als für „magisch", für „rational" mehr als für „mythisch" und für „trans-rational" am meisten. Wilber zufolge ist die technoökonomische Organisation einer Gesellschaft mit der individuellen Bewusstseinsstufe und Kultur verbunden. Um dies zu veranschaulichen, möchte ich die Evolution des

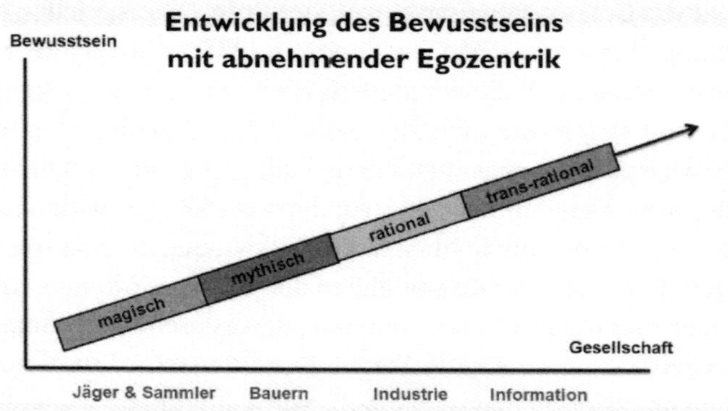

Das Bewusstsein hat sich in den letzten 50.000 Jahren kontinuierlich weiterentwickelt. Jetzt befindet sich der Westen im Übergang von rational zu existentiell. (modifiziert nach Ken Wilber)

Bewusstseins auf der Grundlage der menschlichen Entwicklung diskutieren.

Das Bewusstsein beginnt bei jedem Kind auf der untersten Ebene: Ein Baby ist maximal egozentrisch und wächst normalerweise bis zum Durchschnitt unserer (Sub-) Kultur. Jede (Sub-) Kultur hat ihr eigenes Durchschnittsniveau, das mit der Geschichte der Menschheit gewachsen ist. Ken Wilber entwickelte ein Diagramm, in dem sich die drei Segmente (Ich, Wir und Es) gleichermaßen entwickeln. Ich beschränke mich auf das technoökonomische System (Es), die Kultur (Wir) und das Selbstbewusstsein (Ich). Wilbers Modell geht davon aus, dass Selbstbewusstsein im Laufe des menschlichen Lebens weiter zunimmt. Bewusstsein ist übrigens nicht gleichbedeutend mit Intelligenz, und hohe Intelligenz ist für diese Entwicklung nicht notwendig.

In den Tagen der Jäger, Sammler und des Wanderfeldbaus war die Kultur *magisch*. In diesen Kulturen lebten die Menschen in Stämmen und Familien, und die durchschnittliche Lebenserwartung betrug 22-25 Jahre. Dieser Lebensstil wird im Vergleich zu unseren aktuellen stressigen Zeiten oft als ideal angesehen. Jäger und Sammler besaßen nur wenige Besitztümer und konnten ihre Umwelt nicht selbst gestalten. Ob ihre Gesellschaft tatsächlich ideal war, ist jedoch umstritten. Es gab zu diesen Zeiten noch Menschenopfer und sehr viel Gewalt. Mit ihrem Bewusstsein konnten Bilder und Symbole noch nicht richtig von der Realität unterschieden werden. Darum gab es keine Schrift und keine Bücher. Die Idee, dass jemand, der eine Puppe mit einer Nadel sticht, die jemand andere repräsentiert, der realen Person direkt schaden könnte, ist ein Beispiel dafür. Das Denken war sehr egozentrisch. Alles drehte sich persönlich um sie, auch die Wolken am Himmel folgten ihnen persönlich. Diese Gesellschaft war nicht auf die Zukunft ausgerichtet, und die Gemeinschaft beschränkte sich auf Verwandte oder den Stamm, mit dem die Menschen lebten. Wenn ein Gebiet nicht mehr ausreichend Nahrung bieten konnte, zogen die Menschen in ein anderes Gebiet. Natürlich gab es zu dieser Zeit auch noch keine Weltanschauung.

Der schrittweise Übergang zur nächsten mythischen Stufe der landwirtschaftlichen Gesellschaften fand zuerst im Nahen Osten statt. Der Wanderfeldbau wurde aufgegeben, und die Menschen ließen sich an einem festen Ort nieder. Der Pflug wurde erfunden, und die Landwirtschaft wandelte sich von einer Frauenaufgabe zu einer Männeraufgabe. Das Pflügen war für schwangere Frauen nämlich nicht möglich. Die neuen landwirtschaftlichen Methoden brachten letztendlich viel mehr Ertrag als das Sammeln und Jagen. Dies eröffnete die Möglichkeit, dass sich immer mehr Menschen nicht mit dem Erwerb von Nahrungsmitteln beschäftigen mussten, und die Anzahl der Menschen stieg ebenfalls stark an. Die Menschen lebten an festen Orten und konnten keinen Wanderfeldbau mehr betreiben, da das Land voll von Bauern war, die keine Menschen mehr auf ihrem Land duldeten. In dieser Phase wurde der Einfluss des Menschen auf seine Umwelt viel größer, und die ersten Umweltprobleme wie Abholzung und Versalzung entstanden. Bei diesem Übergang zu großen Bevölkerungskonzentrationen und dem Zusammenleben mit Nutztieren traten alle möglichen Arten neuer Krankheiten auf. Ausgrabungen zeigen, dass diese ersten Bauern kleiner und kränker waren als die Jäger und Sammler. Dieser Übergang hat in der Menschheit also viele Anpassungsprobleme verursacht. Carel van Schaik und Kai Michel beschreiben sehr schön, wie während dieses Übergangs in einem Zeitraum von tausend Jahren mit ständigen Anpassungen die Bibel geschrieben wurde. Darin wurden alle möglichen neuen Lebensregeln festgelegt, um diese neue Situation in den Griff zu bekommen. In dieser Zeit entstanden auch die großen Kaiserreiche, denn jetzt konnten große Armeen gebildet werden.

Die Kultur wandelte sich von Magie zu Mystik. Das Bewusstsein drehte sich nicht mehr um uns selbst. Wir stellten fest, dass wir als Individuen die Welt nicht verändern konnten, an Stelle dessen erhielten wir einen allmächtigen Gott, dem wir durch Gebote und Gebete gefallen oder um Dinge bitten konnten. Anstelle des Regentanzes, bei dem die Menschen direkt mit dem Regen sprachen, begannen wir, zu Gott zu beten, und ihn um Regen zu bitten. Gott konnte Regen machen, wir konnten das nicht mehr. In unserer Vorstellung war es wichtig, sich an unsere sozialen Rollen anzupassen (im Alten Testament konnte Gott eine ganze Nation bestrafen, wenn nur ein Mitglied sich nicht an das Gesetz hielt) und wir verließen uns in erster Linie auf unsere Familie und unsere Kultur. Das Denken wurde konzeptionell. Wir lernten Bilder, zum Beispiel eine Zeichnung eines Pferdes, durch ein Wort zu ersetzen, nämlich durch das Wort „Pferd". In Europa war es die Zeit der Heiligen Mutter Kirche und die Zeit der Leibeigenen. Es wurden die sieben Todsünden und auch die vier Tugenden beschrieben: Weisheit (nur der kann Gutes tun, der auch weiß, was die Dinge sind und wie es um sie steht), Gerechtigkeit, Mut und Mäßigung (wissen, wann es genug ist). Die Architektur der Städte bestand hauptsächlich aus öffentlichen Gebäuden und Kirchen, die sehr präsent waren, und es gab keine privaten Gebäude wie Geschäfte oder Banken. Die Wissenschaft stand im Dienste der Kirche, um die Wahrheit zu finden, und konnte nicht leicht missbraucht werden – im Gegensatz zu unserer heutigen Zeit, in der enormen Summen, für das Wettrüsten oder für kommerzielle Zwecke in die Wissenschaft investiert werden. Die Gemeinsamkeit und Zukunftsorientierung stieg enorm an. In der Zeit der Agrarrevolution wurden gemeinsame Bewässerungssysteme, Häfen und Deiche gebaut.

In der Zeit der industriellen Revolution veränderte sich die Kultur von mythisch zu *rational*. Mit der industriellen Revolution begann die Umstellung von der menschlichen Kraft auf die Kraft der Maschinen. Infolgedessen wurde die körperliche Kraft für das Benutzen von Werkzeugen und Maschinen weniger wichtig, und es entwickelte sich allmählich mehr Gleichheit zwischen Mann und Frau – wenn auch zusammen mit den Schrecken von Ausbeutung, Kinderarbeit und Umweltverschmutzung. Dies schuf das Ideal der Gleichheit für alle, mit der Abschaffung der Sklaverei und einer neuen Einstellung gegenüber Diskriminierung. Es war auch das Zeitalter der Aufklärung.

Auf dieser Bewusstseinsstufe wurde uns klar: Wenn wir wollen, dass etwas passiert, müssen wir es selbst tun, denn es gibt keinen Gott (mehr). Wenn wir jetzt Regen wollen, müssen wir mit einem Flugzeug Kondensationskerne in die Luft sprühen, und es ist nicht mehr sinnvoll, für Regen zu beten. Das Leben begann sich um Äußerlichkeiten zu drehen. Es ging nicht nur darum, ob wir etwas kaufen oder essen konnten, sondern auch, wo wir es tun konnten. Das konnte man auch in den Städten beobachten. Großartige Gebäude wie Modepaläste (Hirsch am Leidseplein in Amsterdam) und Hotelpaläste (Amstelhotel) wurden errichtet, und ein solcher Status war nicht länger für Gebäude mit öffentlicher Funktion reserviert. Anfangs war die Kirche immer das größte und inspirierendste Gebäude, jetzt waren es die Gebäude von Banken, Öl- und Versicherungsgesellschaften.

Anstatt unsere Ideen aus den heiligen Geschichten der Bibel zu holen, stammen unsere Ideen heute aus der Wissenschaft. Die Es-Perspektive übertrifft die Ich- und Wir-Perspektive, wie auch in der Vorstellung, dass alles durch Zufall und kollidierende Teilchen entstanden ist, dass alles relativ ist und keinem höheren Zweck dient. Es fand eine Vernaturwissenschaftlichung von Psychologie und Pädagogik statt. Persönliche Interpretationen sind irrelevant, und nur das, was man messen kann, ist noch wertvoll. Das neue Ziel der Gesellschaft besteht nunmehr darin, die durchschnittliche Lebenserwartung und den durchschnittlichen Lebensstandard zu erhöhen.

Es entstand eine Faszination für das Neue und Moderne, für das technisch Höchstmögliche, wie den schnellen Transport (das Überschallflugzeug Concorde und derzeit der Hyperloop, eine Vakuumröhre für den superschnellen Transport zwischen Städten) und die Raumfahrt. Die *Es*-Idee, in der Bewusstsein nicht existiert, sondern einfach ein Phänomen unseres Gehirns ist, weshalb wir sozusagen unser Gehirn *sind*, gewann an Boden. Freier Wille existierte somit nicht mehr. Die Idee der natürlichen Auslese ist jetzt, dass nur der am meisten Angepasste oder Stärkste gewinnt. Dies ist auch die Idee des freien Wettbewerbs in unserer Wirtschaft. Börsennotierte Unternehmen werden nicht von Moral oder Ethik geleitet, sondern von der Frage, was den größten Gewinn bringt. Es wird erwartet, dass Führungskräfte börsennotierter Unternehmen den Gewinn als ihr oberstes Ziel betrachten; tun sie das nicht, können sie vors Gericht gebracht werden. Sie müssen sich bei ihrer Arbeit somit nur an die gesetzlichen Bestimmungen halten. Die schiere Größe vieler Unternehmen hat dabei zur Folge, dass ihre Handlungen weltweit eine sehr breite Wirkung haben. In Verbindung mit unserem ständig zunehmenden Konsumismus, in dem unsere Gier und unser Neid ständig durch Werbung angestachelt werden, führt dies zu einer erheblichen Verringerung der Artenvielfalt, der Wasserressourcen und allerlei weiteren Umweltproblemen.

Wir sind nicht mehr bereit, die finanziellen Mittel aufzubringen, um für unsere Werte, beispielsweise für Tierrechte, einzustehen, während die (westliche) Menschheit noch nie so reich war. Das Ideal des Arbeitnehmers ist es, in möglichst kurzer Zeit so viel wie möglich zu verdienen, und das des Arbeitgebers, mit so wenig Mitarbeitern wie möglich so viel wie möglich zu produzieren. Dies erhöht die Produktivität enorm, aber immer mehr Menschen werden arbeitslos. Bald kann ein Land wie China genug für die ganze Welt produzieren. Schätzungen zufolge werden viele Menschen bald nicht mehr für die Wirtschaft benötigt. Dies ist ein großes Problem, da viele Arbeit als sehr wichtig für die Entwicklung und den Lebenssinn einer Person empfinden. Manche von Ihnen, liebe Leser, werden jetzt einwenden, dass dies auch behauptet wurde, als im 18. Jahrhundert in England die Webstühle automatisiert wurden. Es kam damals zu massiven Protesten, aus Angst, dass dadurch keine Arbeitsplätze übrigbleiben würden. Die Geschichte lehrt uns jedoch, dass dafür viele andere Arbeitsplätze entstanden. Aber die Frage ist, ob die Situation jetzt nicht grundlegend anders sein könnte.

Auf der anderen Seite haben das zunehmende Wissen und die Produktivität sowie die zunehmende Globalisierung dazu geführt, dass sieben Milliarden Menschen auf der Erde leben können. Persönliche Freiheit ist auch eine wichtige rationale Idee. Bürgerrechte und die universellen Menschenrechte sind international anerkannt, sicherlich in der westlichen, rationalen Welt. Das Bewusstsein erhält eine Weltperspektive. Wir sind nicht mehr nur Teil unserer eigenen Familie oder Kultur, sondern wir verstehen uns als Teil der Menschheit. Menschen mit einer globalen Perspektive verstehen, dass die Entscheidung, etwas zu kaufen, auch Auswirkungen auf die Menschen auf der anderen Seite der Welt haben kann. In dieser Phase entwickeln die Menschen ein erwachsenes Ego. Sie haben eine unabhängige Meinung und richten sich nicht zwangsläufig nach Kirche, Politik oder Familie. Der Sinn des Lebens war in der mythischen Welt mit der Religion verbunden. Gott zu dienen, um so glücklich zu werden, war das wichtigste Ziel. Im rationalen Zeitalter mit einem erwachsenen Ego ist das komplizierter. Wir müssen jetzt selbst ein Ziel wählen. Für ein erwachsenes Ego ist Religion eher eine Entscheidung als eine soziale Verpflichtung. Dieses reife Ich ist eine Bedingung für weiteres Wachstum.

Schließlich kommen wir in die Zukunft an und damit in der *existentiellen (transrationalen)* Phase. Das gegenwärtige Bevölkerungs- und Wohlstandswachstum fordert, ebenso wie es der Übergang von Jägern und Sammlern zur Sesshaftigkeit getan hat, eine neue Erhöhung unseres Bewusstseins. Die im Moment noch seltene Ebene des Bewusstseins, die wir jetzt anstreben müssen, ist die *transrationale*. In dieser Bewusstseinsstufe können wir mit Dilemmas und Paradoxa besser umgehen. Ein Paradoxon ist die Verbindung zweier Meinungen, die augenscheinlich entgegengesetzt sind. Carl Jung sagte, ein Paradoxon sei ein wichtiger Weg, um zur Wahrheit zu gelangen. Die Verbindung von Paradoxa ist daher wichtig, um unsere Vorurteile abzubauen. Wir erkennen auch viele Dilemmas, wie zum Beispiel die Wahl zwischen einem langweiligen, aber nachhaltigen und daher nüchternen Leben, und einem aufregenden Leben mit vielen teuren Exzessen. In diesen Dilemmas können wir jetzt das rationalere „und/oder" loslassen und diese Extreme verbinden, indem wir etwa das Aufregende mit dem Nachhaltigen verknüpfen. Ein Beispiel für ein Bewusstseins-Dilemma wäre, wenn wir uns Sorgen um den Klimawandel machen und trotzdem mit dem Flugzeug fliegen. In diesem Fall ist eine weitere Selbstprüfung erforderlich.

In dieser Phase können wir unseren Körper, unser Denken und unser eigenes Gefühl beobachten. Wir können den Beobachter in uns bemerken, dasjenige in uns, das nie älter wird, ständig alles betrachtet, was wir tun und denken, und versteht, dass wir mehr sind als unsere Gefühle und Gedanken. Dieser Beobachter, den wir oft *„Ich"* nennen, kann unsere Gedanken aus dem Alter von fünf Jahren mit unseren Gedanken aus dem Alter von fünfzig Jahren vergleichen. Mit diesem Beobachter-*Ich* können wir Körper und Geist zusammenführen und dadurch unsere Weltsicht stärken. Wir wollen jetzt wissen, was fair und gerecht ist, nicht nur für uns selbst und unsere eigene Gruppe oder Nation, sondern für jeden. Mein Gott ist nicht der einzige Gott, meine Vision ist nicht die einzige Vision. Mein Bewusstsein reicht von der Perspektive meiner Gruppe oder Nation zu der ganzen Menschheit. Hier können wir die Weltseele sehen, in der alle Menschen verbunden sind. Im Moment sehen wir eine Welt, die Pflege und Barmherzigkeit sowie unsere Fürsorge und Hingabe benötigt.

In dieser höheren Stufe werden unsere Gier und unser Neid nachlassen, denn wir werden darüber hinausgewachsen sein. Einige Prozent der Bevölkerung haben dieses Stadium bereits erreicht (Ken Wilber schätzt dies beispielsweise auf vier Prozent der Amerikaner). Dies ist eine Entwicklungsphase, die von vielen Psychologen anerkannt wird. Es sind jene Menschen, die als globale Bürger agieren und dafür sorgen, dass alle miteinander verbunden sind. Dieses Bewusstseinsstadium impliziert auch, dass wir uns mit unserer Sterblichkeit und unserer Mission abfinden, um unseren eigenen authentischen Platz in der Welt zu finden. Wir können unsere Symbole der Unsterblichkeit aufgeben, wie etwa vergebliche Versuche, unsterblich zu werden, indem wir zum Beispiel ein Kunstwerk oder ein Lebenswerk zurücklassen. Wir können unsere Verantwortung nicht länger ignorieren, indem wir uns in der Herde verstecken.

Bewusstseinsentwicklung als Priorität

In Geschichtsbüchern werden die Bewusstseinsstufen bei der Analyse historischer Ereignisse und Konflikte fast immer übersehen. Gleiches gilt für Science-Fiction-Bücher, in denen die Zukunft beschrieben wird; und auch, wenn wir über Spiritualität sprechen, dürfen wir die Bewusstseinsstufen nicht vergessen. Denn gerade das Bewusstsein macht den Unterschied aus. Im Licht unserer rationalen Weltanschauung mit gleichen Rechten für alle erscheint die menschliche Geschichte mit ihren Leibeigenen und Sklaven als ungerecht, aber wir können uns nicht an die Stelle der Menschen versetzen, die damals lebten. Da jedes Kind bei null anfangen muss, ist es für die Zukunft unerlässlich, dass moderne Gesellschaften der Entwicklung des Bewusstseins höchste Priorität einräumen. Wir müssen nicht nur seine verschiedenen Stadien anerkennen, sondern auch das Bewusstseinswachstum maximal stimulieren. Wir befinden uns derzeit in einem Spagat. Auf der einen Seite haben wir das konservative Lager, das an persönliche Entwicklung und Verantwortung glaubt, aber nicht über den mythischen Glauben an einen allmächtigen Gott hinausgehen möchte. Auf der anderen Seite gibt es moderne Progressive, die nicht an einen allmächtigen Gott oder an etwas Transzendentes wie ein höheres Bewusstsein glauben und die Wichtigkeit eines rationalen Glaubens an die Materialwissenschaft und die Optimierung wirtschaftlicher Systeme und sozialer Bedingungen betonen. Wenn es einem Individuum nicht gut geht, denken sie oft, dass dies auf sein soziales Umfeld zurückzuführen ist. Wir müssen nach einem dritten Weg suchen, bei dem die Entwicklung eines transrationalen höheren Bewusstseins von zentraler Bedeutung ist. Diese Betrachtung unserer Realität entwickelt sich in den letzten drei Bewusstseinsstufen vom mythischen Gott hin zum rationalen Mysterium und anschließend zu höherem Bewusstsein. Wir haben Angst, dass wir mit einem höheren Bewusstsein alles verlieren werden, wie zum Beispiel unseren Kontakt mit der Natur oder mit Gott, aber das ist nicht wahr. Wir können immer besser sehen, dass die Natur ein Teil von uns ist, und wir werden das, was wir früher Gott nannten, immer besser verstehen.

Im Westen zweifeln wir an unseren Leistungen. Wir wissen nicht mehr genau, ob wir in der Welt wirklich eine Vorreiterrolle einnehmen. Eine Perspektive ist, dass wir uns an die rationale Weltsicht halten, die uns durch Ideen über Wettbewerb und materielle Erklärungen in den Sinn kommt: Der Mensch wurde durch einen zufälligen Zusammenstoß von Partikeln geschaffen, und seine Existenz erfüllt keinen Zweck auf der Erde. Mit solchen Ideen kann die Menschheit leicht als eine „Geißel“ angesehen werden. Umgekehrt gibt es das magische / mythische Weltbild, dass wir zur Natur oder zu unseren allmächtigen Göttern zurückkehren müssen. Ken Wilber skizziert eine neue, transrationale Perspektive, in der wir als rationale Gesellschaft weiterwachsen können. Von diesem Standpunkt aus sehen wir, dass unser sehr hohes rationales Bewusstsein mit unserem autonomen *Ich* in Richtung eines transrationalen Bewusstseins wachsen kann, in dem wir über unsere Grenzen hinausblicken können, in dem unser Denken vom abstrakten zum visionären Denken wächst. Wir werden weniger egozentrisch, und höhere Werte wie Zukunftsgerichtetheit, Gemeinschaftlichkeit und Weltsicht werden unsere Ökonomie formen. Das bedeutet, dass wir in Zukunft mit Menschen in unserer Gemeinschaft und in anderen Teilen der Welt teilen können. So kann die Menschheit wieder zu einem Segen werden. Diese Perspektive ist viel inspirierender und hoffnungsvoller als die gegenwärtige Perspektive mit ihrem indifferenten und narzisstischen Fokus auf Wohlstand. Der Westen kann mit dem Streben nach höherem Bewusstsein eine neue Perspektive gewinnen.

6

Sparsamkeit und Sorgfalt werden spontan entstehen, wenn wir uns innerlich mit allem, was existiert, verbunden fühlen.

Papst Franciscus, *Laudato Si*

Erwachsenes Ego

Viele Autoren haben bereits darauf hingewiesen, dass die Umweltprobleme nicht nur mit Technologie zu lösen sind, sondern uns auch ein Umdenken abverlangen. In diesem Kapitel geht es daher um die ethischen und spirituellen Wurzeln der Lösung für die Umweltprobleme. Hierzu gibt es viel Literatur, aber – ebenso wie bei der Beschreibung der Umlaufbahn der Planeten – können wir nur Modelle darauf anwenden, weil die Realität für das menschliche Bewusstsein viel zu komplex und zudem auch noch weitgehend unbekannt ist. Das Modell von Ken Wilber, welches die Bewusstseinsstadien beschreibt (siehe Kapitel 5), ist daher auch nur eine Annäherung an die Realität. Es erscheint logisch, dass die Welt anders aussieht, wenn wir sie aus dem Blickwinkel einer anderen Bewusstseinsebene betrachten. Jeder wird zustimmen, dass das Bewusstsein eines Kindes mit zunehmendem Alter wächst. Ein kleines Kind, das immer noch ganz egozentrisch ist, ist überzeugt, dass wir es nicht sehen können, wenn es sich die Hände vor die Augen hält. Ein älteres Kind, das sich selbst bereits mehr bewusst und weniger egozentrisch ist, weiß, dass es so nicht funktioniert und dass es sich wirklich verstecken muss, wenn es von uns nicht gesehen werden möchte. Das Besondere an Wilbers Idee ist, dass er meint, dass auch das erwachsene Bewusstsein sich noch weiterentwickeln kann. Wir können die Welt nur ausgehend von unserer eigenen Bewusstseinsebene sehen und interpretieren. Ich bin deshalb sehr gespannt, wie sich die Physik verändern wird, wenn die Mehrheit der Physiker einen Zuwachs an Bewusstsein – über das rationale Bewusstsein hinaus – erfährt. Vielleicht entsteht so ja eine völlig neue Sicht auf die Physik? Nun ja, da müssen wir wohl noch etwas Geduld haben, denn die meisten Wissenschaftler glauben heutzutage ja nicht an ein höheres Bewusstsein.

Die wichtigsten Ziele unserer heutigen Gesellschaft sind das Streben nach möglichst viel persönlichem Wohlstand und einem langen Leben. Unter persönlichem Wohlstand verstehen wir, dass wir persönlich so viele Dinge und Dienstleistungen wie möglich kaufen können. Der öffentliche Wohlstand ist weniger populär: Je weniger Steuern, desto besser. Wir streben ein möglichst langes Leben an, insbesondere durch eine gute Gesundheitsfürsorge, die den Zugang zu Impfstoffen und anderen Arzneimitteln erfordert sowie zahlreiche Krankenhäuser nötig macht. Dies zeigt sich in der Regierungspolitik der reichen Länder, die weiterhin nach einem Wachstum des Bruttoinlandsprodukts streben und dann einen sehr großen Teil dieses Wachstums in das Gesundheitswesen investieren. Je reicher eine Wirtschaft wird, desto mehr Geld fließt in das Gesundheitswesen. Es wird immer deutlicher, dass wir als westliche Gesellschaft aufgrund dieser Politik mit allen möglichen Problemen konfrontiert sind. Es gibt immer mehr Signale dafür, dass dies bereits jetzt nicht mehr richtig funktioniert. Ich erwähnte die sieben Millionen chronisch Kranken in den Niederlanden, den enormen Einsatz von Antidepressiva in der westlichen Welt und die Tatsache, dass in westlichen Ländern mehr Selbstmorde verübt werden als in armen Ländern. Die Kosten des Wirtschaftswachstums steigen ebenfalls ständig.

Je reicher wir werden, desto mehr Verluste erleiden wir. Es wird geschätzt, dass wir bereits 18% unseres Reichtums an die negativen Auswirkungen unseres Wohlstands, – wie soziale Spannungen verursacht durch sozial benachteiligte

Blick auf die Milchstraße (Fotograf: Jakob Woisetschläger,

Mitmenschen, Investitionen in die Internetsicherheit, Verwüstung von Ackerland, kürzere Lebenserwartung durch Feinstaub, usw. – verlieren.

Einer der Gründe für unsere derzeitige Weltanschauung ist unser einfaches Menschenbild. In unserer rationellen Zeit ist ein bestimmtes Menschenbild entstanden. In diesem Bild wurden Menschen wie alle anderen Phänomene im Universum durch kosmischen Zufall geschaffen. Das bedeutet, dass Menschen auf der Erde keine Sonderstellung einnehmen. Der Mensch ist einfach ein intelligentes Tier ohne Fell, ein nackter Affe, das Ergebnis natürlicher Selektion. Der Mensch ist also einfach nur ein Phänomen des Zusammenwirkens von Physik, Chemie und Biologie. Oder wie manche es nennen: nur wenige Kilo Mineralien und Wasser. Transzendente oder mystisch Erlebnisse wie Nahtoderfahrungen oder sich eins mit der Natur zu fühlen, werden von Menschen mit dieser Sichtweise mit Argwohn betrachtet, da sie aus ihrer Perspektive nichts Anderes sein können als kleine elektrische Impulse in unseren Gehirnen. Diese Menschen gehen auch davon aus, dass die Wissenschaft letztendlich die unendliche Abfolge von Ursache und Wirkung aufdecken kann, und die Gesellschaft dann überschaubar wird. Auf diese Weise können wir die Natur letztendlich kontrollieren und ein absolut „technologisiertes" Leben führen.

Dieses Konzept der Menschheit trägt zu der narzisstischen Gleichgültigkeit bei, die westliche Gesellschaften auszeichnet. Papst Franziskus sagt: „Globalisierung ist nur der Export von Gleichgültigkeit." Und er hat recht. Die Globalisierung ist auch ein Wettlauf nach unten, wo wesentliche

Dinge in unserer Existenz immer schlimmer werden. Dies gilt sowohl für die Arbeitsrechte der Menschen als auch für die Umweltverschmutzung. Arbeitsintensive Arbeit – etwa das Zusammenbauen von Mobiltelefonen oder das Herstellen von Kleidungsstücken in Nähwerkstätten – wurde in asiatische Länder verlegt, wo die Menschen unter schlechten Bedingungen für niedrige Löhne arbeiten müssen. Im Westen verschwanden stark verschmutzende Fabriken, wie Gerbereien, beinahe vollständig. Stattdessen importieren wir die Produkte, um die lokale Verschmutzung zu minimieren, die dann in den ärmeren Ländern zurückbleibt. Alle neuen Umweltvorschriften im Westen werden jetzt auch gegen weniger strikte Vorschriften in anderen Teilen der Welt – des Wettbewerbs wegen – abgewogen. Was sollte der einzelne Mensch in diesem Szenario anstreben? Wenn wir nur ein Produkt kosmischen Zufalls sind, gibt es im Grunde keinen Sinn im Leben. Wir können uns lediglich bemühen, so glücklich wie möglich zu leben. Für einige bedeutet dies ein hedonistisches Leben: so viel wie möglich feiern und konsumieren, um dem Alltag zu entkommen. Wir hoffen, dies zu erreichen, indem wir reich werden oder zumindest versuchen, so gut wie möglich zu überleben.

Aus rationaler Sicht kann die Menschheit jedoch auch auf andere Weise betrachtet werden. Ich denke, wir können die Tatsache nicht ignorieren, dass der Ursprung des Universums, das Leben und unser Bewusstsein ein großes Rätsel darstellen und dass es nicht vernünftig ist zu erwarten, dass wir Menschen es jemals lösen können. Wenn wir diese Rätsel erkennen, fragen wir uns, ob die Evolution tatsächlich kein Ziel hat und ob es für die Existenz des Menschen tatsächlich keinen Zweck gibt. Liebe und Intimität sind in einem Weltbild, in dem der Mensch als kosmischer Zufall gilt, nur schwer einzugliedern. Grausame Erkenntnisse aus amerikanischen Waisenhäusern vom Beginn des 20. Jahrhunderts zeigen, dass Babys ein erhöhtes Sterberisiko haben, wenn sie nicht mit ihren Fürsorgern vertraut sind. Basierend darauf schließe ich, dass Intimität und Liebe in jedem Alter wichtig sind, obwohl wir im Erwachsenenalter nicht mehr so schnell an einem Mangel von Zuwendung sterben. Einen Sinn zu haben, scheint für ein Menschenleben von enormer Bedeutung zu sein. Untersuchungen haben gezeigt, dass diese Sinngebung wichtiger ist als Glück, persönlicher Wohlstand und ein langes Leben.

In einer anderen – nicht rationalen – Sicht des Menschen, können wir zusätzlich zu der äußeren Dimension (die auf unterschiedliche Art und Weise wahrgenommen werden kann) auch eine innere Dimension erkennen. Dieses innere Bewusstsein kann mit Hilfe von etablierten Meditationstechniken erlebt werden, dies ist jedoch ein sehr persönlicher Prozess, der jedem selbst vorbehalten bleibt und darum nicht als wissenschaftlich gilt. Eine Verifizierung ist nur möglich in der Kommunikation mit anderen, die ebenfalls Techniken zur Bewusstseinsentwicklung praktizieren. Die Effekte von Mediation sind übrigens durchaus wissenschaftlich objektiv nachweisbar. Mit diesem Menschenbild entsteht eine sehr neue Verantwortung für den Menschen, nicht nur eine materielle Verantwortung, sondern auch die Verantwortung für das Wachstum unseres eigenen Bewusstseins. Einige, wie R.W. Fogel (Nobelpreis für Ökonomie 1993), sehen eine kulturelle Verschiebung, von materialistischen Werten zu spirituellen Werten wie Sinn und Zweck. Wir können uns in etwas Höheres verwandeln, etwas, das uns selbst übersteigt. Mit einer transzendenten oder mystischen Erfahrung bekommen wir das Gefühl, uns über uns selbst zu erheben und eine höhere Realität zu erfahren. Die Bedeutung unseres kurzen Lebens mit der Unendlichkeit des Universums zu vergleichen, das seit Milliarden von Jahren existiert und noch viele Milliarden Jahre bestehen bleibt, wird für einige von uns die Bedeutungslosigkeit unserer Existenz unterstreichen, aber für andere eine transzendente Inspiration bedeuten. Eine Inspiration, die zum Glauben an eine innere Dimension und ein höheres Bewusstsein führen könnte. In jedem Fall gibt es Raum, um die verborgene Logik hinter den Dingen und Phänomenen zu erfassen. Abhängig von der persönlichen Vorstellung kann diese verborgene Logik von Natur, Gott, Schicksal, Unzugänglichem usw. ausgehen. Dieses Konzept wird unsere Ziele vom Streben nach persönlichem Wohlstand und Langlebigkeit zur Suche nach einem sinnvollen Leben und einem ehrenvollen Tod verändern.

Das Hoffungsvolle am Modell von Ken Wilber ist, dass unser derzeitiges rationales Bewusstsein bereits eine höhere Bewusstseinsform ist, und dass die Menschheit bereits einen Schritt weitergegangen ist. Im rationalen Bewusstsein definieren wir uns nicht mehr durch die Gruppe, zu der wir gehören, sondern durch unsere eigene Persönlichkeit und unser Ego. Dies scheint ein entscheidender Punkt zu sein und steht im Widerspruch zu der Vorstellung, dass ein starkes Ego ein Wachstum des Bewusstseins behindert. Wilber zufolge ist der Egoismus eher ein Zeichen für einen Mangel an Ego als zu viel Ego, denn ein starkes Ego bedeutet mehr Bewusstsein. Ein unsicheres Ego ist gebunden an Eigentum, Prestige und Macht. Diese Dinge bedeuten Sicherheit, wenn man sich bezüglich des eigenen Lebenswegs unsicher ist. Das positive und optimistische Bild eines erwachsenen Egos, und dass wir uns als Menschheit auf dem richtigen Weg befinden, gefällt mir sehr. Diese Einsicht kann uns Hilfestellung leisten, um den nächsten Schritt der Entwicklung in unserer westlichen Gesellschaft zu machen. Je größer unser Bewusstsein ist, desto weniger egoistisch werden wir, desto mehr können wir uns in andere hineinversetzen. Ein erwachsenes Ego ist eine Voraussetzung für dieses Wachstum.

Es gibt gegenwärtig nur wenige Anzeichen für ein höheres Bewusstsein, das unser gegenwärtiges rationales Bewusstsein überschreitet. Dies liegt daran, dass diese Form des höheren Bewusstseins immer noch sehr rar ist. Laut Wilber können die Mystiker der Vergangenheit unsere Vorbilder sein. Aus seiner Sicht ist eine mystische Erfahrung kein nostalgischer Blick in die Vergangenheit, sondern eine Vision, wie die Zukunft aussehen könnte. Anstelle einiger Menschen, die ihrer Zeit weit voraus waren, können jetzt viel mehr Menschen diese höhere Stufe des Bewusstseins erreichen. Mit all unserem heutigen Wohlstand und unserer freien Zeit – und den vielen Menschen mit einem erwachsenen Ego – haben wir eine viel bessere Ausgangsposition als die früheren klassischen Meister. Sie haben uns das Vermächtnis der christlichen Mystik, des Hinduismus und des Zen-Buddhismus hinterlassen.

Diese Idee, dass unser rationales Ego die Grundlage für ein höheres Bewusstsein ist, kann unserer Gesellschaft einen ganz neuen Zweck geben. Wir können uns fragen, ob es ohne diese höhere Form des Bewusstseins eine Zukunft geben kann, denn so wie wir jetzt leben, passen keine zehn Milliarden Menschen auf die Erde. Der erste Schritt besteht darin, die Ziele unserer Gesellschaft zu überprüfen. Lassen Sie uns die heutigen Ziele – das Streben nach Glück durch Luxus und persönlichen Wohlstand und relative Unsterblichkeit durch das Festklammern an dieses Leben – eintauschen gegen Glück für ein sinnvolles Leben und Unsterblichkeit gegen einen würdigen Tod.

Ein sinnvolles Leben

In den letzten Jahren haben die Sozialwissenschaften unter anderem erforscht, wie eine Person ein „gutes" Leben führen kann. Eine ihrer entscheidenden Erkenntnisse ist, dass es wichtiger ist, ein sinnvolles Leben zu führen als ein glückliches Leben. Sinn und Glück können einander ergänzen, aber es scheint, dass sinnvolle Aktivitäten letztendlich zu einer tieferen Form des Wohlbefindens führen. Emily Esfahani Smith beschreibt viele Studien, die dies belegen und beispielsweise ein glückliches Leben mit einem sinnvollen Leben vergleichen. Glück ist Bequemlichkeit, uns gut fühlen, wenig Stress und Sorgen haben, körperliche Gesundheit und genug Geld, um alles zu kaufen, was wir brauchen oder wollen. Glück ist jedoch auch mit selbstsüchtigem Verhalten verbunden, „Nehmen statt Geben". Im Gegensatz dazu steht ein sinnvolles Leben im Zusammenhang mit dem Geben, der Suche nach einer Verbindung und dem Beitrag zu etwas, das uns transzendiert. Ein sinnvolles Leben zu führen bedeutet zu geben, sich für ein Ideal oder eine Überzeugung einzusetzen und zu kämpfen. Für ein sinnvolles Leben investieren wir in Angelegenheiten, die größer sind als nur wir selbst. Dies führt letztendlich zu mehr Stress und Sorgen als ein „glückliches" Leben. Die Forschung zeigt, dass es keinen Zusammenhang zwischen Selbstmord und einem glücklichen oder unglücklichen Leben gibt, während tatsächlich ein Zusammenhang zwischen Selbstmord und Sinnlosigkeit besteht. „Glückliche" Länder wie Japan, Dänemark und Finnland haben die höchste Suizidrate. Auch in den Niederlanden nimmt die Zahl der Suizide zu. Im Jahr 2016 haben nicht weniger als 1.900 Menschen ihrem Leben ein Ende gesetzt, 550 mehr als 10 Jahre zuvor. Arme Länder, wie zum Beispiel in Afrika südlich der Sahara, haben eine große Anzahl an Menschen, die sich selbst als unglücklich beschreiben würden, jedoch sehen dort viel mehr Menschen einen Sinn in ihrem Leben, und somit haben diese Länder auch eine niedrige Suizidrate.

In den USA glaubt nur weniger als ein Viertel der Bevölkerung, dass ihr Leben keinen Sinn hat. Dies ist zum Teil auf das derzeitige Bildungssystem zurückzuführen. Die ältesten Universitäten, von denen einige bereits tausend Jahre alt sind, wurden als theologische Universitäten gegründet, mit dem Hauptziel, Studenten den Umgang mit dem Leben zu vermitteln. Emily Esfahani Smith beschreibt, wie amerikanische Colleges und Universitäten zu diesem Zweck gegründet wurden. Die Studenten wurden in die Theologie und die klassische Kultur eingeführt. Ab dem 18. Jahrhundert übernahmen die Geisteswissenschaften die Rolle der Religion. Meisterwerke der Literatur und Philosophie wie Homer, Dante und Shakespeare übernahmen die Rolle der Bibel, um auf organisierte Weise den Sinn des Lebens zu finden. Im 20. Jahrhundert änderte sich die Situation mit der Gründung von Forschungsuniversitäten. Um an diesen Universitäten zu forschen, wurden separate Studienrichtungen mit den ihnen eigenen objektiven Methoden entwickelt. Die Studenten werden hochspezialisiert ausgebildet. Die Untersuchungen, die sich auf die Geisteswissenschaften konzentrierten, verschwanden allmählich von den Lehrplänen.

Der Fokus auf Forschung ersetzt die Idee, dass ein sinnvolles Leben an einer Universität erlernt werden kann. Viele Professoren betrachten die Sinnhaftigkeit des Lebens nicht als einen mit ihrer Spezialisierung verbundenen Aspekt und halten es daher nicht für angebracht, die Schüler in diesem Fach anzuleiten, für manche ist dieses Thema sogar peinlich. Die Aufgabe einer Universität ist es heutzutage, den Studierenden beizubringen, kritisch zu denken und ein bestimmtes Fach zu lernen, und nicht, die Studierenden bei der Entwicklung ihrer Persönlichkeit zu unterstützen (bis hin zu einem erwachsenen Ego).

Leider können wir den Sinn des Lebens nicht verstehen, und so muss jeder für sich selbstnach einem Sinn suchen. Die Idee ist, dass dieser Sinn von selbst entsteht, wenn wir unsere Absichten und Aktivitäten mit etwas verbinden, das größer ist als wir. Aus diesem Grund ist die Arbeit für viele von großer Bedeutung, und die Arbeitslosigkeit für viele eine Katastrophe. Roboter und Automatisierung zerstören wahrscheinlich sehr viel Sinn. Die Prognose, dass die Mehrheit der Arbeitsplätze, wie wir sie heute kennen, in den nächsten 20 Jahren von künstlicher Intelligenz übernommen werden wird, lässt viele Menschen schaudern. Emily Esfahani Smith erwähnt andere Beispiele für Sinngebung, die sie erforscht hat, wie zum Beispiel Beziehungen zu Freunden, Verwandten und Liebespartnern. Dies wird zunehmend schwieriger in dieser digitalisierten Welt, in der jeder mehr Zeit mit dem Smartphone verbringt, anstatt im direkten Kontakt mit Freunden und Nachbarn zu stehen. Andere Beispiele, die sie nennt, sind: das Gefühl zu haben, dass wir in der Gesellschaft oder in dem Unternehmen, in dem wir arbeiten, von Bedeutung sind; nicht nur eine Nummer zu sein; ein Ziel haben, zum Beispiel etwas Gutes für die Welt zu tun; sich um unsere Familien kümmern; oder Teil von etwas Größerem sein, wie Spiritualität, Weltseele oder Mystik. Diese Beispiele gelten für jeden, unabhängig von den eigenen Vorstellungen oder dem Glauben.

Ein ehrvoller Tod

Wir halten uns immer mehr am Leben fest und belasten dadurch zukünftige Generationen mit Schulden. Allein in den Niederlanden beträgt das Budget für das Gesundheitswesen beinahe 100 Milliarden Euro pro Jahr. Die Regierung muss alle möglichen Maßnahmen ergreifen, um dies unter Kontrolle zu halten. Warum klammern wir uns jedoch so verzweifelt an das Leben? In gewisser Weise erscheint es logisch, angesichts der allgemeinen Ansicht, dass es nach unserem Leben nichts geben wird und dass dieses Leben alles ist, was es gibt. Sterben bedeutet das Ende von allem. Unter diesem Gesichtspunkt betrachten wir unseren Tod nicht mehr als Teil des Mysteriums, sondern als Ergebnis technischer Unvollkommenheit. Dies führt dazu, dass wir alle möglichen aggressiven Techniken einsetzen, um unser Leben unter hohem Kostenaufwand zu verlängern. Diese Kosten beziehen sich nicht nur auf die Kosten der derzeitigen Behandlungen, sondern auch auf die unglaublichen Investitionen, die wir derzeit in die Medizintechnik stecken. Wir möchten so lange wie möglich leben und uns als das Endprodukt einer lebenslangen Investition sehen. Die Kosten für die Verlängerung unseres Lebens in den letzten Lebensjahren sind erst der Anfang. Viele Menschen sind völlig fasziniert von den Möglichkeiten, ihren Körper zu verjüngen und so einen Grundstein für die Unsterblichkeit zu setzen. Die medizinische Wissenschaft sagt bereits voraus, dass es nicht lange dauern wird, bis dies Wirklichkeit wird. Zum Beispiel hat

Google eine Tochtergesellschaft gegründet, die sich auf die Überwindung des Todes konzentriert. Google Ventures hat bereits verschiedene Investitionen in Unternehmen getätigt die sich mit dieser Mission beschäftigen. Dieses Unterfangen wird auch von mehreren Milliardären unterstützt. Da der Mensch ja nur ein biologisches und chemisches Phänomen ist, erscheint dieser Ansatz logisch. Darüber hinaus steht unser Ego, das so lange wie möglich Bestand haben sollte, im Mittelpunkt, anstatt unserer Verbindung zur Familie oder zur Gesellschaft. Dieses fragile und angstvolle Ego, das mit unserer Sterblichkeit noch keinen Frieden gemacht hat, ist jetzt wichtiger als die Kraft, die wir aus dem Zusammenleben mit anderen schöpfen; etwas, wofür frühere Generationen starben. Wir werden unsere Schulden an unsere neuen Generationen weitergeben, indem wir uns am Leben festhalten und nach Unsterblichkeit streben.

Übrigens ist unsere Gesellschaft nicht die erste, die glaubt, dass der Tod das Schlimmste sei was einem Menschen passieren kann. In der klassischen Periode fürchteten die Menschen den Tod nicht so sehr, aber sie betrachteten einen unehrlichen oder sogar gewöhnlichen Tod als das Schlimmste, was einem Menschen widerfahren konnte. Für die klassischen Helden würde die heute häufige Version des Lebensendes – eine ernsthafte Krankheit (Krebs, Schlaganfall, Herzinfarkt, usw.) die einen für durchschnittlich vier Jahre bettlägerig und abhängig von fremder Hilfe macht – eine Katastrophe bedeuten. Sie würden nicht in einem Pflegeheim leben wollen, mit Schläuchen in der Nase – in einem Pflegeheim übrigens, das meist völlig auf ungelernte Pflegekräfte angewiesen ist, die sich um die Patienten kümmern müssen.

„Sterbe ehrenvoll im Dienste zukünftiger Generationen“ – diese Einstellung gibt es heute beinahe nicht mehr. Immer mehr Menschen sprechen mit ihren Ärzten über Alternativen zu aggressiven Behandlungen wie Chemotherapie und Herzchirurgie in der letzten Lebensphase. Den Tod erneut als Teil des Mysteriums zu sehen, wird diesen Ansatz unterstützen. Die heutige Gesellschaft zeichnet ein kaltes Bild: Wir bestehen aus einem Bündel toter Atome und der Tod bedeutet, dass wir in der unendlichen Anzahl von Atomen der Erde wieder verschwinden. Über das Leben nach dem Tod kann jedoch niemand mit Sicherheit etwas sagen. Wie gesagt, das Leben ist etwas, das uns transzendiert. Wir wissen nicht genau, was es ist und woher es kommt. Das gilt somit automatisch auch für den Tod.

Wäre es deshalb nicht befriedigender, den Tod nicht als das Nichts zu sehen? Pim van Lommel (ein niederländischer Herzchirurg) schreibt über sogenannte Nahtoderfahrungen. Menschen, die eine solche Erfahrung gemacht haben, ändern ihre Einstellung zum Leben und haben weniger Angst vor dem Tod. Im *tibetischen Buch der Toten* von Sogyal Rinpoche wird der Prozess von Tod und Wiedergeburt bis ins kleinste Detail hinein beschrieben. Es gibt alle möglichen psychologischen und philosophischen Richtungen, in denen die Möglichkeit einer Wiedergeburt untersucht wird, und unsere christlichen Kirchen sprechen über das Jenseits. Haben diese Vorstellungen, dass der Tod nicht das Ende ist, nicht viel mehr Mut und Trost an sich als die kalte rationale Ansicht, dass der Tod doch nur das Ende darstellt? Angesichts dessen, dass beide Möglichkeiten gleich wahrscheinlich sind, scheint es mir besser, sich für die tröstlichere Variante zu entscheiden.

Sonnen und Monde

Für die Entwicklung hin zu einer gerechteren und nachhaltigeren Gesellschaft ist es wichtig, dass gute Menschen die Führung übernehmen und mit gutem Beispiel vorangehen. Es ist wissenschaftlich erwiesen, dass Menschen, die fair behandelt wurden, eher dazu neigen, andere Menschen, auch Fremde, fair zu behandeln. So können wir selbst Gerechtigkeit verbreiten. Gemeinsam schaffen wir unsere Umweltprobleme, indem wir die Aufnahmefähigkeit von Ökosystemen überschreiten. Wir können etwa ohne Probleme eine gewisse Menge an Schmutz in den Rhein einleiten, weil die natürlichen Vorgänge im Fluss diese Verschmutzung umwandeln und beseitigen werden. Wenn wir jedoch übertreiben und damit die natürliche Kapazität übersteigen, sterben alle Fische. Das geschah 1970, als im Wasser des Rheins kein gelöster Sauerstoff mehr zu finden war. Dieses Prinzip gilt auch für Wasserknappheit. Heutzutage verbrauchen fast alle Menschen in den reichen Regionen der Welt zu viel Wasser. Daher sind wir alle dafür verantwortlich, dass die Wasservorkommen auf anderen Kontinenten sich erschöpfen. Dieses Prinzip wird als „Tragödie der *Commons*“ bezeichnet. *Commons* ist die Bezeichnung für die gemeinsam genutzte Viehweide mittelalterlicher Dörfer. Solange die Aufnahmefähigkeit dieser Wiese nicht überschritten wurde, konnten die Schafe des gesamten Dorfes weiden und das System blieb jahrelang stabil. Bis jemand dachte: Ich lasse ein paar zusätzliche Ziegen auf unserer Wiese grasen. Und wiederum andere dachten: Wenn er das kann, so kann ich das auch. So wurde die Wiese durch Überweidung erschöpft und verschwand. Die Täter hatten für eine gewisse Zeit Profit, aber danach hatte die Gemeinschaft nichts mehr. Fast alle von uns tragen zu globalen Umweltproblemen bei, wie Wassermangel (wir verbrauchen 4000 Liter pro Tag), das Klimaproblem (wir fliegen alle mit dem Flugzeug), Partikelemissionen in den Städten (von unseren Holzöfen und Autos), die Plastiksuppe in den Ozeanen (verursacht auch durch unsere Fleecepullover, von denen Polyesterstücke abbrechen) usw. Ein Beispiel ist auch der aktuelle Finanzskandal, durch den manche enorm reich geworden sind und den Rest der Welt im Elend zurückgelassen haben.

Welchen Platz nehmen wir in dieser Tragödie ein? Wollen wir persönlich die Ursache oder Lösung dieser Probleme sein? Untersuchungen zeigen, dass die meisten Menschen nicht gut oder schlecht sind, aber beeinflusst werden können. Sie sind vergleichbar mit Monden. Monde können selbst kein Licht geben, das ist nur möglich, wenn eine Sonne auf sie scheint. Der Großteil der Menschen schwimmt also mit dem Strom der allgemeinen Meinungen. Es gibt auch Menschen, die von sich aus gut sind. Wie eine Sonne können sie selbst Licht abstrahlen. Die Sonnen in unserer Gesellschaft (rund 30% der Menschen, laut Peter Richerson, University of California) können daher einen großen Einfluss haben. Dies sind die Vorbilder, die wir brauchen. Leider wissen sie oft nicht, dass sie die Sonnen sind und andere Menschen in ihrer Umgebung zum Leuchten bringen. Sie wissen auch nicht immer, was in unserer komplexen Gesellschaft gut ist. Bei unserem Streben nach einer weniger egozentrischen Gesellschaft, die meiner Meinung nach der einzige Weg ist, um die schwerwiegendsten Umweltprobleme zu überwinden, ist es von entscheidender Bedeutung, dass die Sonnen sich ihrer selbst bewusst werden.

Es ist erstaunlich, wie viel Einfluss eine Sonne haben kann. Takuma Umoja beispielsweise zog von Texas nach Jackson, Mississippi, einer verarmten Stadt, in der nur diejenigen blieben, die nicht weggehen konnten – mehr oder weniger unsichtbare Menschen in einer aussichtslosen Situation in der ärmsten Gegend der USA. Er gründete eine Kooperative und begann nach und nach, die Dinge zu verbessern. Die Bewohner dachten, dass er keinen Unterschied bewirken würde. Aber er packte die Dinge beim Schopf und ging an die Arbeit. Obwohl sie das in Jackson nicht gewohnt waren, erwies es sich als ansteckend. Es gab Verbesserungen und die Bewohner begannen es Takuma gleich zu tun. Sonnen sind positiv und optimistisch. Martin Luther King sagte: „Selbst, wenn ich wüsste, dass die Welt morgen zerbrechen würde, würde ich immer noch einen Apfelbaum pflanzen."

Außerdem haben die Sonnen eine Aufgabe, die wir heute allzu leicht vergessen, nämlich das Böse unter Kontrolle zu halten. Zwischen ein und zehn Prozent der Menschen sind bösartige Psychopathen. Sie ähneln schwarzen Löchern. Diese Himmelskörper können das Licht des Universums aktiv einfangen. Leicht Beinflussbare Menschen (Monde) werden in der Umgebung dieser Menschen sehr dunkel. An kriminelle Organisationen können wir deutlich erkennen, welchen Einfluss ein Anführer auf eine große Anzahl von Anhängern haben kann. Während der Kriege nimmt die Kontrolle über diese Psychopathen oft ab und wir können sehen, zu welchen schrecklichen Dingen sie fähig sind. Das NS-Regime hat uns gelehrt, was passieren kann, wenn Psychopathen die offizielle Führung eines Landes übernehmen und eine ganze Nation kriminell machen. Die Neurowissenschaften beschreiben das Hybris-Syndrom, bei dem Menschen, die eigentlich völlig normal erscheinen, extrem hochmütig werden, wenn sie eine Machtposition einnehmen. Diese Menschen werden dann narzisstisch und sehen die Welt als einen Ort für ihr Machtspiel und persönlichen Ruhm. Symptome sind arrogantes Selbstvertrauen in ihr eigenes Urteilsvermögen und die Betonung ihres Images. Es scheint, als hätten wir in unserer Zeit, mit hohen Erwartungen an und Raum für Geschäfte, den Führungskräften großer Unternehmen wieder mehr Möglichkeiten dafür gegeben, unmoralische Maßnahmen umzusetzen und enorme Risiken für die Gesellschaft einzugehen – für den eigenen Gewinn. Nehmen Sie etwa die Bankenkrise infolge unbegreiflicher finanzieller Konstruktionen oder der Ölkatastrophe im Golf von Mexiko infolge von Einsparungen bei Sicherheitsmaßnahmen. Es liegt an den guten Anführern, diese Leute von solchen Positionen fernzuhalten. Wir beobachten jeden Tag, was passieren kann, wenn wir uns nicht daran halten. Wenn das Management von Unternehmen in den Händen von guten Führungskräften ist, kann die Marktwirtschaft viel zu einer gemeinsamen Welt beitragen, denn solche Führungskräfte können durch freie und kreative Marktinitiativen nach Lösungen für die sozialen Probleme der Welt suchen, anstatt sie zu verursachen.

Besitz, Ansehen und Macht

In unserer westlichen Gesellschaft wird Gier so weit wie möglich gefördert. Dies gilt als unabdingbar für das Wirtschaftswachstum. Es wird langsam deutlich, dass diese Gier derzeit eine der Hauptantriebskräfte hinter der Umweltkrise ist. Wie können wir das unter Kontrolle bekommen? Die Probleme, die unsere Persönlichkeiten mit Besitz, Ansehen und Macht haben, sind sehr alt. Auf die eine oder andere Weise sind wir unsicher und versuchen, unsere Unsicherheit hinter Besitz, Ansehen und Macht zu verstecken. Im Mittelalter war das beste Mittel dagegen, in ein Kloster einzutreten. Dieser einschneidende Schritt bestand darin, alle Besitztümer aufzugeben und sie dem Kloster zu überschreiben; das Ansehen aufzugeben, indem alle Titel abgelegt und schönen Kleidungsstücke entsorgt und nur mehr ein einfaches braunes Gewand getragen wurde. Alle Macht wurde durch den Schwur von Gehorsam aufgegeben. Die Idee war, dass die Abhängigkeit von Eigentum, Ansehen und Macht nur durch einen Austritt aus der Gesellschaft besiegt werden konnte.

Nach der Reformation änderte sich die allgemeine Sicht auf dieses Problem. Wir sahen eine Gelegenheit, diese Suchtmittel nicht mehr durch den Ausstieg aus der Gesellschaft aus unserem täglichen Leben zu beseitigen, sondern stattdessen den Kampf gegen sie in den Alltag zu integrieren. Dies erfordert jedoch Selbstkontrolle. Wie wir feststellen können, ist bei vielen Menschen in der heutigen Zeit diese Selbstbeherrschung verschwunden, und die Suchtprobleme sind außer Kontrolle geraten. Viele Menschen identifizieren sich mit ihrem Ansehen, ihrem Besitz oder ihrer Macht. Das kann solche Ausmaße annehmen, dass manche Menschen psychische Probleme bekommen, wenn sie ihr Geld oder ihre Arbeit verlieren. Sie sind zu dem geworden, was sie besitzen. Jeder von uns muss sich mit diesen Abhängigkeiten auseinandersetzen. Es ist nicht so, dass Macht nur für Manager von Unternehmen und für Staats- und Regierungschefs ein Problem ist. Wann immer wir beweisen wollen, dass wir recht haben oder hartnäckig sind, dreht es sich um Macht. Die „Lust am Besitz" ist nicht nur für reiche Leute ein Problem. Sobald wir uns etwas aneignen, das nicht uns gehört, zum Beispiel eine Idee oder einen öffentlichen Parkplatz, kommt das zum Tragen. Die Vorstellung, dass unsere Partner, Kinder und Freunde uns gehören, ist auch ein Symptom dafür, ebenso wie der Versuch, uns selbst durch Besitz zu verbessern (Haus, Auto, usw.). Schließlich kann das Verlangen nach Prestige auch zu schlechtem Verhalten führen. In der akademischen Welt sehen wir zum Beispiel Forscher, die Daten für Forschungsarbeiten fälschen oder erfinden, um in diverse Zeitungen zu gelangen und wissenschaftliches Ansehen zu bekommen.

Um etwas gegen unser Suchtverhalten zu unternehmen, müssen wir uns der zugrundeliegenden Unsicherheit stellen. Ich glaube, dass es für jeden einen natürlichen Lebensweg gibt und dass dieser für jeden anders ist. Wenn Napoleon ein neuer Kandidat für die Position eines Generals vorgeschlagen wurde, fragte er immer danach, ob diese Person Glück hätte. Ein guter Ansatz, denn was bringt einem ein General, der kein Glück hat? Die Dinge zu tun, bei denen wir das Glück auf unserer Seite haben, scheint ein guter Kompass für unseren einzigartigen Lebensweg zu sein. Wir können falsche Sicherheit durch Besitz, Ansehen und Macht wählen, oder wir können unseren eigenen Weg wählen. Das bedeutet nicht, dass Besitz, Ansehen und Macht immer negativ sind. Für einige Positionen sind sie entscheidend, aber sie sollten nicht zur Sucht werden.

Hans Korteweg, ein niederländischer Philosoph und Psychotherapeut, hat die Kraft, die wir bekämpfen müssen um uns von unseren Abhängigkeiten zu trennen, als „Wächter an der Schwelle" bezeichnet. Dieser Wächter ist der perfekte Verkäufer – er kann uns unsere Sucht richtig schmackhaft machen. Unsere Partner, Familienangehörige, Freunde oder Nachbarn können solche Wächter sein, indem sie uns in unserer momentanen Situation festhalten wollen, uns sagen, dass alles so bleiben muss, wie es ist, weil unser neuer Weg zu viele Risikos birgt und wir in Armut enden werden oder Beziehungen damit zerstören können. Aber auch unsere eigenen Ängste und Gedanken in Bezug auf diese neuen Schritte können die Rolle des Wächters übernehmen. Zum Beispiel wagen wir es nicht, unseren Job, der uns unglücklich macht, aufzugeben. Jeder trifft auf seinen persönlichen Wächter und muss lernen, auf seine Weise mit ihm umzugehen. Es erfordert Selbsteinsicht und Mut, unser eigenes Leben zu wählen und die Abhängigkeit von Besitz, Ansehen und Macht loszulassen.

Die Rolle der Kirchen

Eine wichtige Funktion der Kirche in allen Bevölkerungsschichten ist es, ein umfassendes System bereitzustellen, das uns an unser Bestreben erinnern soll, bessere Menschen zu werden. Wer erinnert uns sonst noch an die sieben barmherzigen Werke: Hilfe für die Hungrigen, Durstigen, Gefangenen, Fremden, Obdachlosen, Kranken und das Begraben der Toten? Oder an die vier Kardinaltugenden: Weisheit, Gerechtigkeit, Mut und Mäßigung? In Kirchen können wir auch Momente der Freude (Geburt, Heirat) und Trauer (Katastrophen, Begräbnisse) gemeinsam erleben. Barmherzigkeit erfahren wir heute noch stets in Form von Suppenküchen, welche meistens von Kirchgängern initiiert werden.

Aber die großen Kirchen im Westen passen sich offensichtlich nicht gut an. Die Säkularisierung schreitet in ganz Europa rasch voran. Die Ursache dieses Rückgangs sind das Wachstum des Egoismus und die Entzauberung der Welt. Das sind großartige Neuigkeiten für viele, die Religion als eine Art Aberglaube ansehen. In meinen Augen ist es eine schlechte Nachricht, weil nichts an die Stelle der Kirchen getreten ist, das uns daran zu erinnert, bessere Menschen zu werden. Es gibt kein übergeordnetes System mehr, durch das wir regelmäßig aus unserer egozentrischen, materialistischen Welt herauskommen können. Diese sehr wichtige Rolle der Kirchen ist für die Mehrheit der Menschen verloren gegangen. Dies führt zu einer Zunahme unserer

Egozentrik. Wir erkennen nichts als höher an als uns selbst, unser Ego sehen wir als unseren neuen Gott.

Für viele ist die Evolutionstheorie auch ein Grund, nicht mehr in die Kirche zu gehen, da sie nicht mit den biblischen Geschichten vereinbar ist. Trotz aller Kenntnisse über die Evolution bleibt das Geheimnis ungelüftet, da wir immer noch nicht wissen und wahrscheinlich nie wissen werden, woher das Leben kommt. Die Kirchen könnten jedoch eine weniger konservative Haltung gegenüber der Bibel einnehmen, die seit mehr als 1.600 Jahren nicht geändert wurde, während dies bis zu diesem Zeitpunkt durchaus üblich war. In einer angepassten Bibel hätte die Evolution möglicherweise einen Platz gefunden, ohne das allumfassende Geheimnis zu verlieren.

Die Vorstellung eines allmächtigen Gottes, der so viel Elend in der Welt zulassen kann, ist auch für viele ein großes Problem. Es ist jedoch unmöglich, sich ein Bild von Gott zu machen, weil dieses Bild undenkbar und unbeschreiblich ist. Ein mystisches Bild Gottes, welches uns alle verbindet und das auch ein Bild der „Weltenseele" sein kann, passt besser in unsere Zeit. Um diese Verbindung mit der Weltenseele selbst zu erfahren, bedarf es eines höheren Bewusstseins. Das Bild des Heiligen Geistes, der uns alle verbindet, passt gut zur heutigen Spiritualität. Brené Brown hat Spiritualität definiert als das Erkennen und Feiern, dass wir durch eine Kraft, die uns transzendiert, untrennbar miteinander verbunden sind, und dass diese verbindende Kraft auf Liebe und Mitgefühl beruht. Gemeinsam Gottesdienste zu besuchen, gemeinsam zu singen und einander Frieden zu wünschen, gibt uns ein Gefühl der Verbundenheit. Wir vergessen für einen Moment, dass wir alle etwas Anderes glauben und alle für andere politische Parteien stimmen. Dieses Gefühl können wir auch bei bewegenden Musikdarbietungen und anderen Treffen bekommen.

Die Aussage, dass die Menschen egoistischer geworden sind, sollte besser umformuliert werden: Die Menschen haben ein reiferes Ego erworben. Wir tun nicht mehr automatisch das, was unsere Familien uns vorgelebt haben. Wir können uns jetzt entscheiden. Die Kirchen haben einen wichtigen Beitrag zur Steigerung des inneren Bewusstseins geleistet. Die Frage ist nun, ob die Kirchen ihre Rolle in der westlichen Gesellschaft wiedererlangen können, indem sie stärker auf das höhere rationale Bewusstsein unserer Zeit reagieren. Das rationale Bewusstsein ist zwar besser als das mystische Bewusstsein, aber das transrationale Bewusstsein ist wiederum dem rationalen Bewusstsein überlegen. Es ist nach wie vor sehr wichtig, dass sich die Menschen in den Prozess, bessere Menschen zu werden, vertiefen können, unter anderem, um unsere Abhängigkeit von Besitz, Ansehen und Macht unter Kontrolle zu halten.

Es wäre eine Tragödie, wenn die Kirchen sich in ihren konservativen Vorstellungen festbeißen würden und in einer nicht allzu fernen Zukunft auch die letzten Kirchen ihre Türen schließen müssten. Überall befinden sich die schönsten Kirchen an den schönsten Orten, und sie werden langsam aber sicher in etwas Anderes umfunktioniert. In den großen niederländischen Diözesen wird es beispielsweise bald weniger als zwanzig offene, aktive Kirchen geben.

Gerade in den westlichen Ländern mit ausgebildetem rationalen Bewusstsein der Gesellschaft müssen Experimente mit einem neuen Ansatz der Kirche beginnen, der das Wachstum zu mehr Bewusstsein fördert. Jene Länder, in denen die Kirchen im Moment noch populär sind, befinden sich auf dem Weg zu einer rational denkenden Gesellschaft, so wird die Kirche auch dort über kurz oder lang an Bedeutung verlieren. Nur wenn sich die Kirche erneuert und mit dem Bewusstsein der Menschen wächst, kann sie ihre wichtige Rolle behalten.

7

Nicht jeder muss ein Weltführer werden, um die Welt zu verändern. Jeder kann in seiner eigenen Familie oder Umgebung anfangen.

Kofi Annan

Was können wir selbst machen?

In diesem abschließenden Kapitel gebe ich eine Reihe praktischer Tipps, denen jeder folgen kann, um eine gerechtere und nachhaltigere Welt zu schaffen, und das, ohne von anderen abhängig zu sein. Bescheidene Schritte können große Auswirkungen haben, insbesondere, wenn sie von vielen Leuten befolgt werden. Die Tipps konzentrieren sich auf die Steigerung von Nachhaltigkeit und Bewusstsein

Seien Sie sich bewusst, eine Sonne zu sein!

Es gibt genug gute Menschen, um die Welt in einen besseren Ort zu verwandeln, aber viele dieser Menschen sind sich ihrer Rolle nicht bewusst, weil sie davon ausgehen, dass jeder genauso ist wie sie. Das ist nicht der Fall. Die Mehrheit der Menschen kann beeinflusst werden und sucht ein Vorbild. Gute Menschen können daher mit einer Sonne verglichen werden. Sie können andere aufklären. Eine Sonne hat zwei Aufgaben: erstens, ein Vorbild zu sein für alle die leicht beeinflusst werden können, und zweitens, Psychopathen unter Kontrolle zu halten. Beeinflussbare Menschen können die Psychotiker nicht auf dem richtigen Weg halten, das erfordert gute Anführer, also die Sonnen. Dies ist eine Verantwortung mit sehr großer Wirkung. Es ist schade, dass sich viele Menschen nicht bewusst sind, dass sie eine Sonne sind. Es ist auch sehr wichtig, dass gute Menschen zusammenarbeiten. Die Wirksamkeit der Sonnen kann durch die Zusammenarbeit stark gesteigert werden. Entwickeln Sie ein Radar, um andere gute Menschen zu erkennen. In unserem Innersten wissen wir das oft schon intuitiv.

Essen Sie Fleisch wie ein Löwe

Das bedeutet: Innerhalb von 10 Tagen darf an vier aufeinanderfolgenden Tagen Fleisch gegessen werden (Empfehlung des niederländischen Ernährungszentrums: nicht mehr als 500 g rotes Fleisch pro Woche). Und essen Sie Gemüse wie ein Reh, also jeden Tag (Empfehlung des niederländischen Ernährungszentrums: 200g pro Tag). Wenn wir so viel weniger Fleisch essen, werden wir unseren Wasser-Fußabdruck enorm reduzieren und uns dem nachhaltigen Wasserverbrauch annähern, zu dem wir berechtigt sind. Es ist auch viel besser für unseren Körper. In Bezug auf das Essen von Gemüse ist das allgemein bekannt. Wenn wir nur an einigen Tage Fleisch essen, können wir alle Proteine des Fleisches – einschließlich der schlechten – verdauen, bevor wir wieder Fleisch essen. Das Verdauen von Fleisch braucht Zeit. So macht es auch ein Löwe.

Gehen Sie jeden Tag einige Kilometer

Der Mensch ist zum Laufen gemacht. Es scheint unser Immunsystem zu verbessern. Durch einen flotten Spaziergang wird unser Lymphsystem angeregt. Dies ist notwendig, da das Lymphsystem keine eigenen Muskeln hat und durch körperliche Aktivität angetrieben werden muss, um die wichtige Aufgabe der Entsorgung unserer Abfallprodukte zu erfüllen. Sitzen ist das neue Rauchen.

Seien Sie vorsichtig mit der digitalen Welt

Diese Welt vergisst nichts und steht dem zwischenmenschlichen Kontakt immer mehr im Weg. Wenn wir uns erst einmal an das Tinderdatingsystem gewöhnt haben, trauen wir uns nicht mehr, direkt mit jemandem zu sprechen. Tinder erinnert sich auch für alle Zeiten an unsere Verabredungen und Vorlieben. Der neueste Trend ist das *Internet der Dinge*. Dadurch können Geräte drahtlos mit dem Internet verbunden werden. Der Luxus von intelligenten Kühlschränken und Thermostaten ist nicht nur schlecht dafür geeignet, unsere Gehirne aktiv zu halten, indem wir alles mit dem *Internet der Dinge verbinden*, verlieren wir auch unsere Privatsphäre und werden anfällig für unerwünschte Einflüsse, wenn dieses Internet gehackt wird. Wenn ganze Containerterminals gehackt werden können, kann dies sicherlich auch bei unserem Haus passieren. Die mit dem *Internet der Dinge* verbundenen Geräte sind ein einfaches Ziel. Ungesicherte Geräte werden im Durchschnitt innerhalb von zwei Minuten angegriffen. Im vergangenen Jahr verbreitete der Mirai-Wurm (ein Computervirus) auf über 380.000 Geräte. Diese Geräte wurden verwendet, um Teile des Internets lahm zu legen.

Bücher lesen

Wir lernen aus Büchern viel mehr als aus bzw. von sensationsheischenden Zeitungen und Websites. Und selbst wenn eine Zeitung etwas vertieft darstellt, wie zum Beispiel einen Teil einer Geschichte, reicht das einfach nicht aus. Der gesamte Kontext wird nur in einem Buch deutlich. Das Lesen von Text auf Papier erhöht die Konzentration um bis zu 30% im Vergleich zum Lesen am Bildschirm. Es kostet zwar Papier, spart jedoch viel Energie, da keine Monitore und Datenspeichersysteme nötig sind.

Kaufen Sie teures und nachhaltiges Essen

Ein Teufelskreis ist am Entstehen. Die landwirtschaftlichen Betriebe werden immer größer, um immer billiger produzieren zu können. Diese großen Ausmaße haben alle möglichen Konsequenzen für unsere Umwelt, da viele Pestizide, künstliche Düngemittel und Antibiotika verwendet werden müssen – und auch Stoffe wie die Anti-Läuse-Substanz Fipronil im Jahr 2017, die sich in Hühnereiern wiederfand. Durch den Einsatz immer größerer Maschinen schwindet die Biodiversität. Höhere Lebensmittelpreise machen die Landwirtschaft nachhaltiger. Der ökologische Landbau ist derzeit das einzige System, dem es gelungen ist, mehr Geld für nachhaltige Produkte zu fordern. Auch die reguläre Landwirtschaft muss mehr Geld für nachhaltigere Produkte verlangen dürfen. Es fängt bei uns an, indem wir bereit sind mehr für unser Essen zu bezahlen. Das können wir leicht, denn im Moment geben wir einen viel geringeren Teil unseres Einkommens für unsere Lebensmittel aus als vor dreißig Jahren.

Unterstützen Sie Politiker, die ein wirtschaftliches Wachstum des Westens nicht als Voraussetzung ansehen

Das weitere Wachstum von Wohlstand und Konsum in den reichen Ländern führt zu einer unfairen Inbesitznahme der knappen Wasserreserven, wodurch anderen zu wenig übrigbleibt. Der Westen muss an Nachhaltigkeit und nicht an Produktivität wachsen und damit ein neues Beispiel für die Welt sein. Wachstum in der Nachhaltigkeit führt zu einer gesünderen Umwelt, und interessante Arbeitsplätze können erhalten bleiben. Die Fortsetzung des gegenwärtigen Wirtschaftswachstums führt zu weiterer Automatisierung und Ungleichheit. Sinnvolle Arbeitsstellen wie die von Krankenschwestern und Lehrern werden zu teuer, und unzählige andere Berufe werden verschwinden, weil Computer sie übernehmen, wie wir es jetzt bei Banken und Versicherungen sehen. Der Zustand unserer Umwelt wird sich weiter verschlimmern, und die Artenvielfalt wird weiter abnehmen. Das verspricht nichts Gutes für unsere Gesellschaft und Gesundheit.

Sorgen Sie für „Langeweile“

Unsere innere Welt ist mindestens so groß wie unsere äußere Welt. Aufgrund der enormen Reizüberflutung aus der Außenwelt haben wir keine Zeit mehr, uns auf das Innere zu konzentrieren. Mit der Einführung von Smartphones und sozialen Medien ist hat sich dies um eine weitere Dimension verschlechtert. Indem wir uns von Zeit zu Zeit bewusst von diesen Anreizen abschotten, erhalten wir Zeit für Inspiration, können kreativ werden, und wir können wieder mehr persönlichen Kontakt mit unseren Freunden und der Familie haben. Legen Sie das Smartphone ab und zu weg. Wenn wir ein Klingelsignal hören, sehen wir im Durchschnitt innerhalb von sechs Sekunden nach. Der „Ping“ hat dann unsere Aktivität für bis zu zwanzig Minuten unterbrochen. Das Bewusstseinswachstum kommt auch aus unserer inneren Welt. Wenn wir ab und zu Stille und einen Schutz gegen Reizüberflutung einbauen, haben wir Zeit für mystische Erfahrungen in der Natur. Für unsere Kinder ist „Langeweile“ sehr wichtig geworden, und Ruhe in der Natur kann ihnen sehr helfen. Investieren Sie darum in die Entwicklung ihres Bewusstseins.

Sorgen Sie für einen Sinn im Leben

Letztendlich bekommen wir mehr Befriedigung durch das Führen eines sinnvollen Lebens. Ein Ziel zu haben ist sehr wichtig für uns im Zusammenhang mit dieser Sinnfindung. Dies kann alles sein: Kümmern Sie sich um Ihre Familie, kümmern Sie sich um andere, verfolgen Sie ein soziales Ziel usw. Wenn wir kein explizites Ziel finden können, sollten wir uns das Bewusstseinswachstum als Ziel setzen. Das ist entscheidend für die Menschheit. Jeder kann dieses Ziel sowohl für sich selbst verfolgen, als auch anderen auf diesem Weg behilflich sein.

Bestimmen Sie so früh wie möglich in ihrem Leben, was genug ist

Wenn wir jung sind und unsere Karriere beginnen, ist es ein guter Zeitpunkt, um selbst zu bestimmen, was für uns genug ist. Es ist aber auch wichtig, dass ältere Menschen, die bereits mitten auf der Karriereleiter stehen, so schnell wie möglich feststellen, was ausreichend für sie ist. Wenn wir das für uns selbst bestimmen können, gibt es uns Frieden und bietet eine Flucht aus dem Verdienst-Gefängnis. Jedes Mal, wenn die Leute wieder mehr verdienen, wird dieses zusätzliche Geld ausgegeben, und es bleibt der Wunsch nach mehr. Zuerst machen wir Schulden, um ein Haus zu kaufen. Wenn das bezahlt ist, wollen wir ein Ferienhaus. Und wenn wir mehr verdienen, kaufen wir ein Boot oder wollen die Welt bereisen. Oder wir wollen die Nachbarn oder Freunde übertreffen. Wenn wir für uns festgelegt haben, was ausreichend ist, ist dies nicht mehr notwendig. Man könnte sagen: Ein Haus, ein Auto und ein schöner Urlaub pro Jahr ist genug. Wenn wir dann mehr als unser „genug“ verdienen, dann lassen wir mit diesem zusätzlichen Geld Bäume in zerstörten landwirtschaftlichen Gebieten pflanzen. Auf diese Weise bringen wir den ärmsten Gebieten Wohlstand.

Sei großzügig, barmherzig und verzeihend

Gehirnwissenschaftler haben ein „Vergnügungszentrum“ in unserem Gehirn gefunden, das für unser Suchtverhalten eine zentrale Rolle spielt. Glücklicherweise gibt es auch ein Kontrollzentrum, das dieses Vergnügungszentrum umgibt. Es scheint, dass Süchtige oft ein kleineres Kontrollzentrum haben. Laut Augustinus, einem der ersten Kirchenväter, kann der Mensch seine Triebfedern kontrollieren (man kann dies laut der heutigen Wissenschaft als „Gehirn“ übersetzen). Er erklärt, es sei wichtig zu lernen, wie man fasten und geben kann. Ken Wilber sagt: Lasst uns im Bewusstsein wachsen, sodass wir ein starkes Ego bekommen, mit dem wir der Abhängigkeit von Besitz, Ansehen und Macht standhalten können. Großzügigkeit, Barmherzigkeit und Vergebung sind allesamt Formen des höheren Bewusstseins und in unserer Zeit wichtiger als je zuvor.

Quellenverzeichnis

Barber, D. (2014). *The Third Plate*. New York: Penguin Group.

Bavel, B. van (2016). *The Invisible Hand? How Market Economies have Emerged and Declined Since* AD 500. Oxford: Oxford University Press.

Bergen, A. van (2014). *Gouden jaren*. Amsterdam: Atlas Contact. (Niederländisch)

Brown, B. (2017). *Braving the Wilderness*. London: Vermilion.

Diamond, D. (2005). *Kollaps. Warum Gesellschaften überleben oder untergehen*. (übersetzt von Sebastian Vogel.) Frankfurt: S. Fischer.

Eijk, T. van (2017). *Spinoza in het licht van bewustzijnsontwikkeling*. Lulu. (Niederländisch)

Harvey, G. (2016). *Grass-Fed Nation. Getting Back the Food We Deserve*. London: Icon Books.

Hoekstra, A.Y. (2013). *The Water Footprint of Modern Consumer Society*. Londen: Routeledge.

Korteweg, H., Korteweg-Frankhuisen, H. & Voigt, J. (1990) *De grote sprong*. Utrecht: Servire Uitgevers. (Niederländisch)

Papst Franciscus (2015). *Laudato Si'. On Care for Our Common Home*. London: Catholic Truth Society.

Piketty, T. (2015). *Das Kapital im 21. Jahrhundert*. (übersetzt von Ilse Utz und Stefan Lorenzer.) München: Beck.

Richerson, P. (2015). 'Human Nature'. In: Brockman, J. *This Idea Must Die: Scientific Theories That Are Blocking Progress*. New York: Harper Perennial.

Schaik, C. van & Michel, K. (2016). *Das Tagebuch der Menschheit: Was die Bibel über unsere Evolution verrät*. Hamburg: Rowholt.

Schumacher, E. F. (2001). *Small is Beautiful. Die Rückkehr zum menschlichen Maß*. Bad Durkheim: Stiftung Ökologie & Landbau.

Smith, E.E. (2017). *The Power of Meaning*. New York: Random House.
Stikker, A. (2012). *En de mens speelt met de tijd, drie vensters op de eeuwigheid*. Amsterdam: Wereldbibliotheek. (Niederländisch)
Taleb, N.N. (2013). *Antifragilität: Anleitung für eine Welt, die wir nicht verstehen.* München, Albrecht Knaus Verlag.
Toynbee, A. J. (1963-1961) *A Study of History*. Oxford: Oxford University Press.
Visser, F. (2003). *Ken Wilber: Thought as Passion*. Albany (NY): State University of New York Press.
Wilber, K. (2000). *A Brief History of Everything*. New York: Random House.
Zohar, D. and Marshall, I. (2010). IQ? EQ? SQ!: *Spirituelle Intelligenz – das unentdeckte Potenzial*. Bielefeld: Kamphausen Media.

KOLOPHON

Cover und Buchgestaltung *Gert Jan Slagter*
Layout *Julien Hoekstra-Kermans*
Bildautor *Jelte Bosma*
Druck *Bariet Ten Brink, Meppel*

Erstausgabe als *De mens is geen plaag*: Januar 2018
Dritte überarbeitete Ausgabe: September 2018
Ins Deutsche übertragen von Astrid H Paulitsch-Fuchs (2019)

ISBN 978-90-5615-560-5
NUR 740

Bornmeer ist ein Impressum von
20 Leafdesdichten en in liet fan wanhoop bv

www.bornmeer.nl | info@bornmeer.nl